HANS G. BENTZ

Tommy

und andere Tiergeschichten

Wilhelm Goldmann Verlag

Made in Germany · 4/79 · 1. Auflage · 1112
Genehmigte Taschenbuchausgabe

Umschlagentwurf: Creativ Shop, A. + A. Bachmann, München,
unter Verwendung einer farbigen Zeichnung von Herbert Horn, München
Druck: Mohndruck Reinhard Mohn GmbH, Gütersloh
Verlagsnummer: 3730
Lektorat: Martin Vosseler · Herstellung: Lothar Hofmann
ISBN 3-442-03730-1

Inhalt

Vorhang auf!

Sie nannten sich die »Schwarzen Teufel« und waren ihrer dreizehn. Alle so zwischen siebzehn und neunzehn Jahre. Und Alfred war einer von ihnen. Jedes Wochenende kamen sie zuammen, irgendwo in einem Lokal, mit ihren Motorrädern und in ihrer Vereinskluft: schwarze Lederjacke, schwarzer Sturzhelm. Vom untersten Knopf der Lederjacke hing an einem schwarzen Faden ein kleiner beinerner Totenkopf, und auf der linken Brustseite hatten sie ihr Vereinsabzeichen, den Teufelskopf, hübsch aus Silberblech gestanzt. Pauls Vater, der Goldschmied, hatte ihnen das gemacht und mit einem vergnügten Grinsen überreicht, als er einmal Ehrengast bei ihnen sein durfte. Der Treffabend in der Woche und eigentlich ihr ganzes privates Interesse gehörten nur ihren Rädern. Sie interessierten sich zwar für Autos und Fernsehen und Kino und einige sogar für Jazz. Aber das Motorrad war und blieb ihre große Liebe: Rausch der Geschwindigkeit, das Dröhnen des Auspuffs, der elegante Schwung eines Kotflügels ...

Wenn sie zu dreizehn unterwegs vor ein Lokal brausten und dann hineinstampften, die Brillen nach oben schiebend, sich zu dreizehn an die Theke lehnten, ein paar rauhe Scherze mit dem Wirt machten und ein Helles zwitscherten, dann merkten sie, daß man sie ringsum mit Achtung und auch sogar mit etwas Furcht beobachtete.

Paul war ihr Anführer, neunzehn Jahre alt, breit wie 'n Küchenschrank. Er war auch noch im Boxverein und hatte dort die Meisterschaft im Schwergewicht gewonnen. Sein Vater, der Goldschmied, hatte Geld, und so fuhr Paul eine Fünfhunderter-Sportmaschine. Aber er ließ es die anderen nicht merken, die nur Zweihunderter oder gar Hundertfünfundzwanziger hatten. Gutmütig wie ein großer Bär war er, ein Pfundskerl.

Von Westdeutschland waren sie am Pfingstsonnabend heruntergeknattert in geschlossener Formation, immer die Autobahn entlang bis München, und dort hatte Paul eine Idee. »Wißt ihr was«, hatte er gesagt, »aus der letzten Etappe nach Salzburg machen wir 'ne Sternfahrt. Jeder sucht sich seinen Weg allein. Die Autobahn darf keiner benutzen. Nur ich werd' sie fahren, damit ich vor euch da bin und schon Quartier besorgen kann. Ab Sonntag mittag zwölf Uhr stehe ich am Bahnhof, da ist Ziel. Dann sehen wir uns Salzburg an, und dann machen wir den Bogen über Kufstein–Mittenwald–Garmisch, wieder raus aus dem Gebirge und am Montag Richtung Heimat.«
Alfred oder Fred, wie sie ihn nannten, seines Zeichens wohlbestallter Mechanikergeselle, hatte sich eine ganz freche Sache ausgeknobelt, eine Reihe von Waldwegen, die einen großen Bogen der Bundesstraße abschnitten. Zunächst war alles glatt gegangen. Der Weg führte zwischen Kuhweiden hindurch und war gar nicht so übel. Schlaglöcher gab es natürlich, aber sie hielten sich in Grenzen. Dann ein Waldweg. Der war sogar noch besser. Fred freute sich, wie die Teleskopfederung die Stöße der Wurzeln abfing, die über den tannenbenadelten Weg griffen. Er klopfte seiner Zweihundertfünfziger auf den Lenker: »Brav, Alte, brav, Alte!« Die Maschine war schon drei Jahre alt, aber er pflegte sie wie ein wertvolles Rennpferd. Sein ganzes Geld ging drauf für Poliermittel, Farbe, Reservezündkerzen, neue Soziussitze, Ab-

blendschirm für den Scheinwerfer und ähnliches Beiwerk.
Er sah auf die Uhr: zehn Uhr zwanzig. Wenn er auf der Bundesstraße geblieben wäre – warte mal – wie war das? Das waren fünfundvierzig Kilometer Umweg – bei einem Stundendurchschnitt von siebzig – er begann zu multiplizieren und zu dividieren – und dabei übersah er ganz den kleinen Baumstamm, der quer über dem Weg lag. Er bemerkte ihn erst im letzten Augenblick, die Bremsen quietschten, aber es war schon zu spät. Mit immerhin noch zwanzig Kilometern Geschwindigkeit brummte er drauf, fühlte sich einen Moment durch die Luft fliegen, prasselte dann in etwas hinein, das ihn zwar auffing, aber gewaltig stach, und das sich bei näherer Besichtigung als eine Brombeerhecke herausstellte. Fluchend erhob er sich, riß sich aus der Umarmung der kräftigen Ranken. Die rechte Schulter schmerzte, aber es war Gott sei Dank nichts weiter passiert. Ihm wenigstens. Aber das Rad! Es lag noch da und schnurrte. Er stellte die Maschine ab. Der Vorderreifen schlaff, der Schlauch unter der Decke hervor aus der Felge gequetscht, die Felge selbst verbogen, Scheinwerferglas zersplittert. Aus!
Fred gab dem Baumstamm einen Tritt, aber damit war auch nichts gebessert. Er sah wild in die Runde, setzte sich schließlich auf den Stamm, stützte die Ellenbogen auf die Knie und starrte düster vor sich hin. Ausgerechnet jetzt! Sie hatten ausgemacht, daß man längstens drei Stunden auf Nachzügler warten wolle, dann mußte man weiter, und die Nachzügler sollten sehen, wie sie nachkamen. Und nun war er Nachzügler, vielleicht sogar der einzige! Er holte die Karte heraus: natürlich weit und breit kein Dorf, das nächste fünf Kilometer entfernt. Schieben half nichts. Er mußte die Klamotte liegenlassen, ins Dorf laufen, dann wieder die fünf Kilometer zurück, um sie abzuholen – vorausgesetzt, daß er jemanden dafür begeistern konnte, einen Wagen anzuschirren und am

Pfingstsonntag ein zerbeultes Motorrad abzuholen. Dann zur nächsten Bahnstation und aufladen. Großartige Idee das, mit dem Waldweg! Kam nie etwas heraus bei den Extratouren. Er sah auf seine Maschine hinunter, die ihm plötzlich ganz fremd vorkam. Ein Haufen verbogenes Metall, nichts weiter. Das erschütterte ihn sehr. Er ließ sich vom Stamm heruntergleiten, riß einen Grashalm aus und steckte ihn in den Mund.

Eine ganze Weile döste er so vor sich hin. Zuerst sah er immer noch die anderen vor sich, wie sie einer nach dem anderen auf dem Bahnhofsplatz ankamen, sich angrinsten und auf die Schultern schlugen. »Wo ist denn Fred?« – »Durch 'n Wald gefahren, wollte abkürzen, wahrscheinlich Bruch gemacht.« – »Na, der kommt schon noch, Unkraut vergeht nicht.« Aber er würde nicht kommen. – Dann verblaßte allmählich das Bild. Eine lange Weile dachte er gar nichts. Und dann wurde ihm bewußt, daß er an den Baumwipfeln hinauf in den Himmel starrte. Der war tiefblau mit ein paar weißen, langgeschwungenen Federwolken darin. – Komisch, dachte Fred, so ähnlich muß es den Fischen auch gehen, wenn die von unten die Wellen sehen.

Und dann wurde er sich der Stille bewußt. Kein Motorengeräusch. Stille –. Gerade da, wo es ihn geschmissen hatte, öffnete sich der Wald auf einer Seite zu einer Schonung, und in der Schonung wiederum war eine kleine Wiese. Die Bäumchen standen dicht wie eine Wand, und die Zweige waren an den Spitzen ganz hellgrün und gekrümmt, so als ob sich hunderttausend kleine Händchen freundlich ihm entgegenstreckten. Auf der anderen Seite das gewaltige, tiefe Gehänge der großen Tannen, bis auf die Erde herunter, Kaskaden von Zweigen. Es wurde warm. Die Sonne war nun hinter einer dünnen Federwolke hervorgekommen und bohrte ihre Scheinwerferstrahlen in den tiefen Wald, wo hier und da goldgrünes Moos aufflammte. Auch zu seinen Füßen wuchs welches.

Als er näher hinblickte, waren es lauter winzige Bäumchen, über die tausend Lanzen hinausragten, dunkelrote Schäfte mit gelben Spitzen. Das Ganze sah aus wie ein marschierender Haufe von Landsknechten. Da hindurch wand sich anderes Moos von hellem Grün, wie ein Schlangenleib, nach allen Seiten Arme ausstreckend. Merkwürdig!

Fred streifte sich im Sitzen Lederjacke und Helm ab, und nun fühlte er, wie die Sonne durch das dünne Hemd in seinen Körper drang. Hinter ihm lag eine verbeulte Maschine. Na, wennschon!

Warum sollte man nicht mal faul sein? Er mußte sich ja die ganze Zeit schinden. Die Stille – wenn man's genau nahm – war gar keine Stille. Es war immerzu was los. Mal knackte es hinter ihm, dann gurrten Wildtauben, dann legte der Kuckuck los, hundertmal hintereinander »Kuckuck-Kuckuck«! Und dann kam der Wind. Er sah ihn kommen. Hinten am anderen Waldrand wackelten schon die Wipfel, dann strich er über das Gras der kleinen Lichtung hinweg, daß es sich bog und silbern aufflammte. Jetzt winkten die tausend Tannenhändchen, während es um ihn herum immer noch gläsern still war. Und dann war er endlich heran, strich ihm mit kühlen Fingern über die Stirn, fuhr ihm ins Hemd und begann dann die großen Gehänge hinter ihm anzustoßen, daß sie hin und her schwangen wie Uhrpendel.

Dann war er wieder weg. Wieder Stille. Es roch wunderbar nach warmem Holz. Und dann ein tiefes Brummen. Eine Hummel! So eine von der ganz dicken Sorte, kohlschwarz, nur das Hinterteil orangegelb. Sie strich den Waldweg entlang. Ihr schwerer Körper pendelte hin und her. Überall, wo ein kleines Loch in der Erde war, hielt sie inne, musterte es erst im Flug, ließ sich manchmal auch ganz auf den Boden hinunter und kroch hinein. Mitunter war das Loch so eng, daß sie rückwärts gehen mußte und mit dem Hinterteil zuerst wieder herauskam. Fred grinste: »Anscheinend auf Wohnungssuche!« Jetzt hatte die Dicke ihn entdeckt und umflog seinen Kopf in so engen Kreisen, daß er sich zu fürchten begann. Stachen Hummeln eigentlich? Er wußte es nicht. Jetzt brummte sie dicht an seiner Nase vorbei, daß er direkt einen kleinen Luftzug verspürte. Und dann saß sie mit einem Plumps auf seinem Ärmel und marschierte aufgeregt darauf herum. Fred grinste nicht mehr, er lächelte, ein richtig liebes, freundliches Lächeln, mit dem er auf die Hummel niedersah. Was für ein drolliger kleiner Bär das war, mit den langen schwarzen Zottelhaaren auf dem Rükken! Er beschloß, daß sie harmlos sei, und berührte ihren Rücken vorsichtig mit dem Finger der anderen Hand. Sie hielt inne und ließ sich einen Augenblick richtig krabbeln. Dann warf sie ihren Motor wieder an und – weg war sie!

Das nächste, was kam, war eine Libelle. Fred beobachtete sie, wie sie erst eine Weile den kleinen versumpften Graben längs des Weges herauf- und hinunterjagte. Das war ja eine tolle Flugmaschine! Mein Gott, was die alles konnte: aus einem Höllentempo heraus auf der Stelle bremsen und in der Luft stehenbleiben, nach allen Seiten, im rechten Winkel und rechts und links und rauf und runter! Ja, sogar den Rückwärtsgang konnte sie in der Luft einschalten! Da kam ja kaum eine Fliegende Untertasse mit! Sein Hemd schien ein besonderer Anziehungspunkt zu sein, denn die Libelle drehte jetzt ein paar Steilkurven um ihn herum und landete dann mitten auf seiner Brust. Was für ein Wunderwerk – der Atem stockte ihm. Die vier flirrenden Flügel mit dem Goldbronze-Schimmer lagen jetzt still. Jedes einzelne Äderchen darauf konnte er erkennen. Der grüngoldene windschnittige Leib mit dem aufgehuckten Rücken, der Kopf mit den beiden Riesenaugen! Sie waren ihm so nah, daß er in ihr Irisieren schauen konnte, und als er es längere Zeit getan hatte, wurde ihm ganz schwummerig zumute. Er bekam geradezu Angst, sich in den Tiefen dieser Augen zu verlieren. Da plötzlich nahm das Wunderwesen die beiden Vorderbeine und drehte den Kopf damit hin und her. Ja, sie drehte ihn sich ja fast ab! Wie saß denn der eigentlich fest, mit 'nem Schraubengewinde? Und wie mochte das sein, wenn man solche Riesenaugen hatte? Auf jeder Seite eines, im Verhältnis zum menschlichen Gesicht so groß wie eine Melone? Und wenn man damit alles sah, oben, unten, rechts, links, vorn und hinten, alles gleichzeitig? Wenn man nicht mehr mit dem einzelnen Auge punktförmig geradeaus sah, sondern aus tausend Augen facettenkugelig nach allen Seiten! Das mußte ja ein enormes Gehirn sein, daß alle diese Eindrücke gleichzeitig verarbeitete.

Ihm fiel plötzlich ein, daß er einmal von Fledermäusen gelesen hatte, die in dunklen Höhlen flogen und doch nicht anstießen, weil sie mit Ultraschall arbeiteten. Mein Gott – wie wunderbar das alles war und wie wenig man davon wußte! Eigentlich 'ne Schande. – Und wie simpel dagegen die raffinierteste Technik!

Über ihm miaute es jetzt wie von einer Katze. Als er aufblickte, schwirrte die Libelle weg. Der Himmel war ganz wolkenlos tiefblau. Und da oben, in diesem Blau, geschah etwas Merkwürdiges. Da kreisten zwei Bussarde umeinander, ein großer und ein kleiner. Sie waren es, die wie Katzen miauten! Wenn sie in eine Kurve gingen, leuchteten ihre Flügel tonbraun auf. Sie kreisten da sehr hoch, majestätisch, ohne Flügelschlag, wie die Segelflugzeuge. Jetzt aber kam noch ein anderer Ton von dort oben, ein Krächzen. Eine Krähe war aufgetaucht, eine dicke, schwarze, ganz gewöhnliche Krähe. Und die begann mit dem großen Bussard einen regelrechten Luftkampf hinzulegen. Sie kreisten umeinander, um sich die beste Seite abzugewinnen, stießen nacheinander von oben und von unten, manchmal berührten sie sich auch für Sekundenbruchteile, und dann wurden wahrscheinlich blitzschnelle

Hiebe ausgeteilt. Er konnte es nicht so genau sehen. So eine Krähe war ja auch nicht ohne, hatte einen klobigen Schnabel. Aber schließlich – gegen diesen ausgewachsenen Bussard hatte sie doch überhaupt keine Chance! Das war wie ein Düsenjäger gegen ein altes Propellerflugzeug. Sie konnte nicht kreisen da oben. Dauernd mußte sie mit den Flügeln schlagen, um das Tempo des anderen zu halten. Schließlich ließ sie sich abkippen, legte die Flügel an und schoß wie ein Stein zu Boden. Er dachte schon, der Bussard hätte sie abgeschossen. Da – kurz vor der Erde – faltete sie die Flügel wieder auseinander, bremste und setzte mit einem Hupf auf, daß sie noch mal aus dem Gras der kleinen Lichtung hochsprang. Und mit ihr sprang eine andere Krähe auf. Die hatte also auf den tollkühnen Kämpfer gewartet. Seine Frau vielleicht? Hatten sie ein Junges, das der Bussard hatte rauben wollen? Lauter Rätsel. Aufregende Rätsel.
Und allmählich begann Fred sich immer mehr zu ärgern, daß er so wenig von all diesen Dingen wußte. Motorrad, Auto, Sport, Technik – alles schön und gut. Machte Spaß. Und man brauchte es ja auch nicht aufzugeben. Aber daneben gab es doch auch diese wunderbare Welt: Natur – und besonders die Tiere. Die hatten auch noch den Vorteil, daß nicht mit jedem Jahr die Modelle wechselten. Die wurden immer wieder neu aufgelegt, in Milliarden Serien, seit Millionen von Jahren. An die konnte man schon sein Herz verlieren, ohne daß man befürchten mußte, daß die Typen veralteten. Und vor allem diese Ruhe! Man brauchte selbst gar nichts zu tun, nur dazusitzen und aufzupassen. Dann wurde einem Theater vorgespielt, gratis und franko, mit Wesen als Schauspieler – besonders unter den Insekten –, die sich die kühnste Phantasie nicht träumen ließ: gepanzerte Ritter und Flieger und Meisterläufer und Tarnungskünstler und räuberische Einzelgänger und wohldisziplinierte Scharen – alles, was man wollte. Nur dasitzen und stille sein.

Sie kam von selbst zu einem, diese ganze wunderbare, wirkliche Welt, die gewachsene, nicht die künstlich gemachte – nur stille sein!
So war er fast unwillig, als ihn das Knarren eines Wagens auffahren ließ. Es war ein Leiterwagen, von einem großen schwarzen Pferd gezogen. Auf dem Bock saß eine vierschrötige Gestalt in einer grünen Joppe mit Hirschhornknöpfen und einem fettigen grünen Hut mit Spielhahnfeder auf dem Kopf. Das Gesicht darunter zeigte einen breiten Mund, eine große, kupferrote Nase und zwei höchst vergnügte, kleine und wäßrige blaue Augen. Das Ganze kam an dem Baumstamm zum Stehen. Sowohl das schwarze Pferd wie der Mann auf dem Bock besahen sich lange und tiefsinnig den Stamm und Fred, der sich erhoben hatte. Schließlich zog der Mann auf dem Bock eine Bierflasche aus seiner Rocktasche, nahm einen Schluck und sagte: »Den hat's umig'haut!«
»Wie meinen Sie bitte?« fragte Fred (nur gut stellen mit dem Kerl, er ist der einzige, der mich und das Motorrad ins nächste Dorf bringen kann!)
Die blauen wäßrigen Augen hefteten sich auf ihn: »A Preiß, he?« Und dann folgte in mühseligem Hochdeutsch: »Ein Preuße, was? Den Baum hat's umgehaut, verstehst mi?«
Es kitzelte Fred zu sagen: Du merkst aber auch alles! Aber er bezwang sich und meinte: »Ja, leider!«
»Na also!« sagte der auf dem Bock freundlich. »Jetzt verstehst mi ja! Ich kann nämlich auch Hochdeutsch! Weil ich nämlich beim Bruno – das ist der Wirt! – während der Saison den Hausdiener mach! Ja – mei – und dein Radel ist ja auch hin!«
»Ja, leider«, sagte Fred wieder, »können Sie mich vielleicht ins nächste Dorf fahren, damit ich's reparieren lassen kann?«
»Ja freilich!« sagte der auf dem Bock. »Vorsicht!« schrie er plötzlich. Fred hatte, um sich weiterhin bei ihm beliebt

zu machen, seine Hand nach der Schnauze des großen schwarzen Pferdes ausgestreckt.
»Das darfst net!« sagte der auf dem Bock. »Der Franzl, der, was der Wallach is, der mag keine nüchternen Leut'. Komm her!«
Fred machte einen ehrfürchtigen Bogen um das schwarze Riesenvieh, das die Ohren zurückgelegt und die Zähne gefletscht hatte. Der auf dem Bock reichte ihm die Bierflasche, in dem noch die Hälfte drin war: »Hier, sauf aus, dann kannst ihn streicheln.«
Fred trank gehorsam die halbe Flasche leer und ging ebenso gehorsam wieder zum Pferdekopf zurück. Die Sache begann ihn zu interessieren.
»Hauchen mußt!« sagte der auf dem Bock. »Damit er deine Fahne merkt.« Fred hauchte Franzl an, und siehe da, plötzlich stülpte er die Ohren nach vorn und ließ sich ganz friedlich den Hals klopfen. Ob wohl alle bayerischen Pferde so waren? fragte sich Fred. Inzwischen war der vom Bock heruntergekrochen.
»Wastl heiß ich!« stellte er sich vor.
»Ich heiße Fred.«
»Also gut, pack mit an, daß wir den Weg freikriegen.«
Sie luden die Maschine auf und fuhren ins Dorf. Für den Treffpunkt Salzburg war es sowieso zu spät. Fred blieb im Gasthof. Er wunderte sich über sich selbst, daß alle Ungeduld von ihm gewichen war. Der Dorfschmied brachte die Felge wieder einigermaßen in Ordnung, und am Nachmittag konnte Fred seine wieder fahrbereite Maschine in die Garage schieben.
Dort herrschte gewaltiger Betrieb – aber nicht von Autos oder Motorrädern, sondern von Schwalben. Ein Pärchen hatte sein Nest auf dem Schirm der Lampe gebaut, das andere hatte es an einen der Deckenbalken geklebt. Sie sausten herein und hinaus, zauberhafte Wesen: schwarzer Frack, weiße Brust, braunrote Kehle.
Fred stand und sah nur den Schwalben zu, ihrem laut-

losen und tollkühnen Hin- und Herschießen. Auf den Millimeter genau gingen sie an den Torpfosten vorbei. – Er vergaß die Zeit und Umgebung über dem Zuschauen. Wunderbar!

Am Abend des nächsten Tages war er mit seiner Maschine wieder daheim. Die »Schwarzen Teufel« empfingen ihn mit Hallo in ihrem Stammlokal.
»Wir hatten schon 'n bißchen Angst um dich, aber der Paul hat gesagt, Unkraut vergeht nicht. Er hat wieder mal recht gehabt.«
Sie tranken noch ein Bier zusammen, aber sie trennten sich früh, denn am nächsten Tag begann die Arbeit wieder für alle. Er ging mit Paul heim. Der legte ihm den Arm um die Schulter: »Was ist los mit dir, Fred? Bist ja so anders!«
»Ach wo!« sagte Fred. »Unsinn!«
Aber er wußte, daß Paul recht hatte. Er war anders. – Er gab das Motorradfahren nicht auf und hatte auch weiterhin seine Freude dran, ebenso wie an seinem Beruf. Aber es war etwas Neues in sein Leben getreten, eine noch größere Freude: die an der Natur und an den Wundern des Tieres. Die Pforten einer ganz neuen, zauberhaften Welt hatten sich vor ihm geöffnet, oder, besser gesagt, er war aus dem Sattel seines Motorrades und mit Hilfe eines umgestürzten Baumes direkt in sie hineingeschleudert worden. War sie nicht gewaltiger als der höchste Wolkenkratzer und erregender als das wildeste Motorradrennen?

Der Wächter

Eine wahre Begebenheit

Frau Elisabeth Mangold betrauerte den Tod ihres Mannes tief, obwohl es in letzter Zeit sehr schwierig mit ihm gewesen war. Der große Altersunterschied hatte sich bemerkbar gemacht, sie war fünfundfünfzig, er immerhin sechsundsiebzig, als er starb. Und trotzdem, seit er von ihr gegangen, verschwanden immer mehr die Mißhelligkeiten, die sie bedrückt und getrennt, und das unendlich viel Gute, Rührende, Herzverbindende ihrer Ehe wurde immer deutlicher. Und mit dieser Verklärung wuchs ihre Einsamkeit.

Aus der Produktion ihrer vielen Söhne, Töchter, Schwiegersöhne und Schwiegertöchter wurden ihr verschiedene Enkel zum Trost offeriert. Aber es waren naturgemäß die schwierigen Fälle, und da sie als kluge Großmutter diese Fälle nur zu genau kannte, lehnte sie dankend ab. Nur einen kleinen Hanswurst von vier Jahren, genannt der Wackeltopp, behielt sie einige Wochen. Dann versagten ihre zerrütteten Nerven auch an ihm. Der daraufhin zusammentretende Familienrat verordnete ihr einen Hund, und zwar nach reiflicher Überlegung einen Boxer. Gründe: Der Boxer als Kurzhaar braucht weniger Pflege als ein langhaariges Tier, er ist treu und lustig, konnte sie also in gleicher Weise beschützen und erheitern.

Sie protestierte zunächst gegen diesen Beschluß. Die selbstquälerische Einsamkeit hatte von ihr Besitz ergriffen. Es lag eine geheime Lust darin, sich vorzustellen, daß das Mitleid der Familie nur ein paar Wochen gedauert und sich dann ein jeder wieder seinem eigenen Leben zugewandt hatte. Sie nahm es niemandem übel, o nein. Obwohl es ja ihrer Lieblingstochter Helene, der Mutter des Wackeltopps, nichts geschadet hätte, wenn sie ihre alte Mutter etwas nachdrücklicher gebeten hätte, wenigstens ein paar Monate bei ihr zu bleiben. Aber, wie gesagt, sie nahm es der Tochter nicht übel. »Du mußt gerecht sein, Elisabeth«, sagte sie zu ihrem Spiegelbild in dem einsamen Schlafzimmer. »Du hattest seinerzeit auch keinen glücklichen Tag, bevor deines Mannes Mutter aus dem Hause war. Alt und jung passen eben nicht zum Zusammenleben, höchstens mal für einen vorübergehenden Besuch. Also bleib für dich, fahr vielleicht mal zu einer Schulfreundin, geh in den Park und lies, räume deine Wohnung auf und deine Wäsche um, kauf dir einen Fernseher und stricke Pullover für die Schwiegersöhne. Auch wäre es empfehlenswert, Patience zu legen, dich in einer Leihbücherei zu abonnieren und vielleicht einem Kaffeekränzchen beizutreten, wo du dich mit anderen alten Wachteln über dein Schicksal beweinen kannst.« Sie trat noch näher an den Spiegel heran: Ganze Büschel grauer Haare waren da gewachsen und Säcke unter den Augen und die Augen selber rot vom Weinen, vom einsamen Weinen. Plötzlich packten sie wieder die Tränen. Sie fuhr herum: »Ist da wer?« Keine Antwort. Die Möbel starrten sie schweigend an. Sie rannte ins Wohnzimmer, in die Küche. Nichts. Kein Laut außer dem harten, blechernen Ticken des Weckers. Hatte nicht jemand aus dem Schlafzimmer gerufen: »Lieschen, was ist mit dem Umschlag fürs Herz?« Sie war ihr oft zuviel gewesen, die Lauferei in den letzten Monaten der Krankheit – jetzt aber gierte sie danach. »Ja – Otto?« Aber das Zimmer war schweigend, wie sie es verlassen, und das Bett neben dem ihren leer, die Hülle ihres Gefährten draußen auf dem Fried-

hof. Und es hatte keinen Sinn, daß sie jeden Tag hinausfuhr und seinem Grabstein erzählte, was sie am Tage getrieben. Der Grabstein war ein Stein, und was dort unter dem Hügel lag, hatte nichts mehr mit dem zu tun, der von ihrer Seite in das Reich der Nimmerwiederkehr entschwunden war. Sie starrte wieder ihr von Trauer verwüstetes Gesicht im Spiegel an, seufzte noch einmal tief und richtete sich dann mit einem Ruck auf: »Elisabeth«, sagte sie, »wenn du so weitermachst, endest du in der Klapsmühle. Das aber ist bestimmt nicht Gottes Wille.« Sie drehte sich um, ging in die Bibliothek und rief Helene an: »Dann bringt mir meinetwegen dieses kleine Ungeheuer, den Boxer.« Und mit einer mühsam verhaltenen Angst: »Meinst du, er ist noch zu haben?«
Er war noch zu haben, und so rollte er denn eines Tages bei ihr an, ein vier Monate alter Boxerrüde mit einem geradezu atemberaubenden Bewegungsdrang. In Wirklichkeit hatte er irgendeinen hochtrabenden Zwingernamen, Gero von Hühnenfeld oder so etwas, aber man taufte ihn kurzerhand Schnuffi, weil er so lustig durch seine plattgedrückte schwarze Nase schnuffte. Er sprengte das Leben seiner Menschenmutter zunächst einfach in die Luft und sorgte dafür, daß sie in dieser Luft dauernd in Bewegung blieb. Zu Trauer und Selbstmitleid blieb einfach keine Zeit mehr. Mindestens sechsmal am Tage schleppte er sie an straffgespannter Leine in den Park oder das nahe gelegene Wäldchen und quer über die Felder. Wenn sie des Laufschritts müde war und ihn endlich loshakte, sauste er wie ein Gummiball davon und verkleinerte sich mit rasender Geschwindigkeit zu Punktgröße, hinter sich die händeringende und tiefbesorgte Elisabeth Mangold lassend, die sich vergeblich bemühte, ihm irgendeine Art von Appell beizubringen. Schnuffi kam zurück, wenn er sich müde getobt hatte, mit einem halben Pfund bekleckerter Zunge aus dem Maul hängend, sprang ihr vor Wiedersehensfreude an die Brust,

daß sie beinahe umfiel, und hinterließ auf dem neuen Frühjahrsmantel die erdfarbenen Stempel seiner dicken Pfoten. Sie schimpfte fürchterlich auf ihn, während sie sich ächzend bückte und ihn wieder an die Leine nahm, aber er kulpste nur seine Negeraugen heraus, und in ihnen stand zu lesen: Ich glaube dir kein Wort davon!
Da mußte sie denn zum ersten Male wieder lachen, und sie lachte immer häufiger. Wenn sie dann abends diesen Unband in seinem Körbchen zu Bett brachte und er schläfrig nach ihrem Gesicht tatzte, um gleich darauf mörderisch zu schnarchen, war sie zum ersten Male wieder glücklich. Sie bewunderte ihn maßlos, die weitgestreckten herrlichen Sprünge, zu denen ihn seine stählernen, flachen Muskeln befähigten, seine mächtige Brust und den kleinen weißen Fleck zwischen den Vorderläufen. Ebenso maßlos war sie gerührt, daß sie hier nach so langer Zeit wieder von einem Wesen in inbrünstiger Liebe beansprucht wurde. Sie war Schnuffis Gefährtin, Göttin, Welt und ganzer Lebensinhalt. Die Nachbarin, der sie ihn einmal zur Aufbewahrung gab, weil sie ihn zu einem Besuch nicht mitnehmen konnte, berichtete ihr, er – der stets lustige Kobold – habe die ganzen Stunden, ohne sich vom Fleck zu rühren, hinter der Tür gesessen, »den Kopf gesenkt, wie eine matte kleine Blume«. Frau Mangold, die darüber fast in Tränen ausbrach, wurde von der kleinen Blume für den Rest des Tages keines Blickes mehr gewürdigt. Sie beschloß daraufhin, ihn das nächste Mal in der trauten Umgebung des eigenen Heims zu lassen, »damit er nicht denkt, ich hätte ihn verkauft«. Als sie diesmal zurückkehrte, hatte Schnuffi das traute Heim aus Wut weitgehend umgebaut. Unter anderem hatte er eine Daunendecke aufgerissen, und seine ungetreue Göttin mußte sich hustend durch ein Schneegestöber von Daunen ihren Weg ins Schlafzimmer erkämpfen. Natürlich war es gerade ihre Lieblingsdecke, die noch aus ihrer Aussteuer stammte, aber es war ihr unmöglich, diesen

Zornesausbruch verschmähter Liebe übelzunehmen. Ja, sie mußte sich voller Scham gestehen, daß sie eigentlich selten in ihrem Leben so glücklich gewesen war wie mit diesem goldbraunen ungezogenen Bengel.

Ein kritischer Punkt kam, als die Familie nach und nach mit den Kindern auftauchte und die Kinder mit Schnuffis Spielsachen – seinem Vollgummiball und seinem Knochen, der nach Schokolade roch und knackte, wenn man darauf biß – spielten. Schnuffi nahm das jedoch keineswegs übel, sondern trat mit der ganzen krabbelnden und quakenden Kinderschar in einen Austauschverkehr. Die Mütter, die ihre Erzeugnisse ob Schnuffis Gutmütigkeit mit ihm allein gelassen hatten, fanden dann zu ihrem Entsetzen ein Schlachtfeld vor. Schnuffi saß zwischen einer Sammlung von Puppenköpfen, Puppenbeinen und zerbissenen Kinderbällen, der Wackeltopp lutschte derweilen an Schnuffis Gummiknochen, und sein gleichaltriger Vetter Rolf hatte sich die Strampelhose ausgezogen, bellte und hob gerade an der antiken Kommode das Bein.

Schnuffi erwies sich überhaupt als der geradezu ideale Kinderhund, und je älter er wurde, desto mehr trat diese Eigenschaft bei ihm hervor und wandelte sich ins Beschützerische. Und es gab immer etwas zu beschützen in der großen Familie, da der nun längst schulpflichtig gewordene Wackeltopp durch neue Lieferungen von quäkenden Windelbewohnern ersetzt worden war, die in Kinderwagen herumgefahren werden mußten. Schnuffi hatte inzwischen die lustigen Stirnfalten der ersten Jugend verloren und war ein prachtvolles, mächtiges Tier geworden. Mit seinem Frauchen spielte er unermüdlich und voller Wonne wie einst. Sobald aber ein Bewachungsobjekt, zum Beispiel ein gefüllter Kinderwagen, auftauchte, zeigte er sich von amtlichem Ernst. Mit der Würde eines Oberregierungsrates saß er Stunde um Stunde neben dem Wagen, blickte verachtend auf die anderen im Park tobenden Kollegen und Kolleginnen herab

und warnte Fremde durch ein tiefes Knurren aus seinem mächtigen Brustkasten, sich dem Kinderwagen allzusehr zu nähern und ihre Bazillen dort abzuladen.
Gegen Erwachsene und Besuch war er vorbildlich höflich. Manche, die es verstanden, ihn auf der Brust zu kraulen und ihm eine schöne Geschichte ins Ohr zu flüstern, in der sein Name möglichst oft vorkam, schloß er sogar offensichtlich ins Herz. Fremden Eindringlingen, wie Gasmännern, Elektrizitätsbeamten, Briefträgern und Telegrammboten gegenüber verhielt er sich neutral, aber scharf beobachtend. Ihren Händen wich er aus, knurrte nicht, setzte sich aber zu ihnen und ließ sie nicht aus den Augen, bis sie wieder gingen. Mit anderen Worten, er wurde immer mehr der perfekte Hund, und die Menschen hörten nicht auf, seinem Frauchen zu diesem Großen Los in der Hundelotterie zu gratulieren.
Das dauerte bis zu dem Tage, als es eines späten Nachmittags an der Wohnungstür klingelte. Frau Mangold öffnete und sah einen netten jungen Mann mit einer Aktentasche draußen stehen. Erst dachte sie, er sei einer der vielen Studenten, die Zeitschriften-Abonnements vertreiben und denen sie trotz heftigen Protestierens schließlich doch immer eine Zeitschrift abnahm, mit der sie absolut nichts anzufangen wußte. Dieser junge Mann jedoch zog einen Ausweis aus der Tasche und erklärte, er komme vom Elektrizitätswerk. Man glaube festgestellt zu haben, daß eine bestimmte Serie von Zählern falsch liefe, und zwar zugunsten der Kundschaft. Frau Mangolds Zähler gehöre zu dieser Serie.
Sein nettes Äußeres und die Aussicht, womöglich Stromgebühren zurückgezahlt zu bekommen, beflügelten Frau Mangold gleichermaßen. Der junge Mann wurde mit Freuden eingelassen und zunächst zu einer Tasse Kaffee aufgefordert, die er jedoch dankend ablehnte. Statt dessen bat er, sämtliche Anschlüsse in allen Zimmern kontrollieren zu dürfen, was ihm gern gewährt wurde. Er

entnahm darauf seiner Aktentasche ein Meßinstrument und machte sich unverweilt ans Werk. Zunächst wurden Eßzimmer und Salon überprüft. Schnuffi blieb dicht auf seinen Fersen und stieß zum Erstaunen seines Frauchens ab und zu dumpfe Knurrlaute aus. Der junge Mann sah etwas zweifelnd auf ihn, aber Frau Mangold erklärte beruhigend, er brauche sich nicht zu sorgen. Schnuffi habe noch nie jemandem etwas getan. Sie selbst entschuldigte sich dann, weil sie noch im Schlafzimmer zu tun habe; er – der junge Mann – könne sich ja derweil die Küche und den Zähler in der Diele vornehmen. Dies tat er denn auch, und so vergingen einige Minuten in tiefer Stille, die nur ab und zu durch dumpfes Knurren Schnuffis unterbrochen wurde.

Dem jungen Mann schien das allmählich unheimlich zu werden, und als er im Eßzimmer Schnuffis Bällchen fand, machte er ein Experiment. Er zeigte ihm den Ball und warf ihn dann in die entfernteste Ecke. Schnuffi sprang nicht danach, aber er drehte sich um, und diesen Augenblick benutzte der junge Mann, um in den Salon zu schlüpfen und die Tür von innen zu schließen. Gleich darauf öffnete er sie wieder und lachte Schnuffi an: »Siehst du, da bist du reingefallen!« Er hielt dem Hund die Hand hin, aber Schnuffi wich zurück und fletschte schweigend die Zähne. Der junge Mann zuckte die Achseln und steckte sich den Ball in die Tasche. Schnuffi beobachtete das mit schiefem Kopf, jedoch ohne Kommentar.

Darauf ging der junge Mann in die Diele, wo der Zähler hing, und schraubte das Gehäuse ab. Er hatte jetzt sämtliche Räume kontrolliert bis auf das Schlafzimmer, in dem er Frau Mangold rumoren hörte. Wieder saß Schnuffi neben ihm, sein Atem ging heftig, und in seinem Nacken sträubten sich die Haare. Wieder warf ihm der junge Mann den Ball, und wieder drehte sich Schnuffi einen Moment um. Diesen Moment benutzte der junge

Mann, um die Schlafzimmertür mit einem Ruck aufzureißen. Bevor er sie aber von innen schließen konnte, war der Boxer wie ein Schatten an ihm und vergrub seine Zähne in seinem Ärmel. Frau Mangold schrie gellend auf und schlug mit dem Besen, den sie gerade in der Hand hielt, auf den Hund ein. Der aber war wie ein Rasender, das Haar den ganzen Rücken entlang gesträubt, die Augen wie wahnsinnig aus dem Kopf getreten, Geifer vor der Schnauze, fetzte er dem jungen Mann den Ärmel herunter. Da erhielt er von dem Besenstiel des Frauchens einen so heftigen Schlag über die Nase, daß er losließ. Sie stürzte sich auf ihn, zerrte ihn aus dem Raum und legte ihn draußen an die Leine.

Der junge Mann zitterte am ganzen Leibe, sie tröstete ihn, versprach ihm vollen Ersatz und bestand darauf, den Ärmel wenigstens oberflächlich zu nähen, und einen Biß, der durch Ärmel und Hemd gedrungen war, mit Jod zu behandeln. Auch eine Tasse Kaffee und einen Kognak mußte der junge Mann trinken, um wieder zu sich zu kommen. Sie war so von Sorge um ihn und Enttäuschung über Schnuffi erfüllt, daß sie den seltsamen Ausdruck in den Augen des Mannes nicht bemerkte. Schließlich steckte er das Meßinstrument wieder in seine Mappe, schraubte die Kappe des Zählers auf und ging. Er sagte kein Wort von Schadenersatz oder gegen den Hund, sondern ging völlig stumm von dannen, und als er die Tür hinter sich geschlossen hatte, stand es bei Frau Mangold fest, daß er ein ausgesprochen liebenswürdiger junger Kavalier sei.

Um so schwärzer stach dagegen Schnuffi ab, und zum ersten Male in ihrem Zusammenleben griff sie zur Peitsche und strafte ihn. Er ließ es klaglos über sich ergehen, blickte sie aber so tieftraurig und vorwurfsvoll an, daß sie bald von ihm abließ. Sie setzte sich neben ihn, zog ihn an sich und sagte: »Was ist denn um Gottes willen in dich gefahren, mein Junge? Und was soll denn nun werden? Wie soll ich dich denn behalten, wenn du plötzlich über Leute herfällst, die dir gar nichts getan haben? Ich muß unbedingt morgen mit dir zum Doktor, vielleicht ist irgend etwas in deinem armen Kopf nicht richtig? Oder du hast sonst ein geheimes Leiden?«

Schnuffi leckte ihr die Hand. Frau Mangold jedoch konnte keine Ruhe finden und rief eine Reihe von Töchtern, Schwiegersöhnen und Bekannten an. Sie erzählte jedem, was sich abgespielt, und fand so allmählich Erleichterung, so daß sie schließlich wohltuend müde war und sanft einschlief. Schnuffi war nicht wie sonst in seinen Korb gegangen, sondern hatte darauf bestanden, vor ihrer Tür zu schlafen. Sie fürchtete zwar sein Schnarchen, ließ ihn aber doch gewähren: Es wird die Reue sein, dachte sie, und damit war sie schon eingeschlafen.

Sie schlief so fest, daß sie am anderen Morgen erst ziemlich spät erwachte, und zwar vom Telefonläuten. Es war eine Nachbarin, die ihr gestern einen Tierarzt empfohlen hatte: »Na, nun brauchen Sie ja nicht mehr zum Arzt mit Ihrem Schnuffi!« sagte sie. »Statt dessen würde ich ihm eine große Wurst kaufen! Mein Gott, haben Sie ein Glück gehabt!«

»Was für ein Glück?« murmelte Frau Mangold noch schlaftrunken.

»Ja – haben Sie denn noch keine Zeitung gelesen? Dieser reizende junge Mann – ein Mörder – in unserer Straße, drei Hausnummern weiter, gegenüber von der Drogerie – seine Spezialität: alleinstehende Frauen! Entsetzliche Einzelheiten!«

Von dem, was die Nachbarin nun berichtete, hörte Frau Mangold überhaupt nichts mehr. Ihre Knie gaben plötzlich nach, so daß sie sich auf einen Stuhl setzen mußte. Sie starrte auf den Bibliothekstisch, auf dem der Hörer lag, aus dem es noch weiterquäkte. Ihre stille, beschauliche Altfrauenwelt war mit einemmal eingestürzt, und zu ihren Füßen gähnte der Abgrund, in dem finstere,

dämonische Triebe ihre Opfer suchten, in dem der Wilde, der Urmensch umging, den wir alle noch in uns tragen, trotz Fernsehen, automatischen Küchen und Weltraumraketen. »Und du hattest keine Ahnung!« murmelte sie. »Du hättest dieses Ungeheuer zum Abendbrot eingeladen, wenn er dich darum gebeten hätte, du in Watte gepacktes altes Frauenzimmer! Dein Schnuffi mußte dich retten, dein einziger und bester Freund – den du dafür verdroschen hast! Da bist du ja, mein Goldjunge – hast du verstanden, was für eine Närrin dein Frauchen ist? Natürlich hast du es verstanden, denn du kannst ja noch in unseren Herzen lesen und unsere Gedanken fühlen. Das konnten wir auch mal, vor langer, langer Zeit, weißt du. Aber statt dessen haben wir jetzt lauter Werkzeuge und Maschinen, die dauernd kaputt sind. Diese arme Frau, drei Häuser weiter – das hätte ich sein können, wenn du nicht gewesen wärst!«
Sie legte den Hörer auf, küßte Schnuffi auf die goldbraune Stirn, ging ins Wohnzimmer und nahm erst mal einen gewaltigen Schluck aus der Kognakflasche. »So, und jetzt ziehe ich mich an und hole dir erst mal eine Wurst, einen ganzen, dicken Ring Brühwurst!«
In diesem Augenblick läutete wieder das Telefon. Sicher würde es nun dauernd läuten. »Ich denke gar nicht daran abzunehmen, erst deine Wurst!« erklärte sie. Schnuffi, der nur »Wurst« gehört hatte, saß glücklich zu ihren Füßen, und in der Erwartung des kommenden Genusses senkten sich aus seinen Mundwinkeln zwei dicke Spuckefäden langsam auf den Teppich.

Die Schäferhündin Laska

Erschienen unter dem Pseudonym Stefan Carolus
Geschrieben nach dem Bericht
eines Soldaten des ersten Weltkriegs

Neulich, als ich den Hügel vor meinem Hause hinanstieg, kam mir etwas entgegengesaust, eine Schäferhündin: fahler Ocker mit schwarzer Decke und lustiger schwarzer Gesichtsmaske. Irgendwie kam mir das Tier bekannt vor, und ich fragte mich, wo ich sie schon einmal gesehen haben könnte. In meiner Umgebung war doch weit und breit keine solche Hündin. Und doch ...

Sie stutzte, sah mich einen Moment mit ihren gelben Augen schelmisch an, warf sich dann herum und jagte davon.

Ich aber blieb erschüttert stehen – Laska! Mein Gott, wie lange war das her? Mal nachrechnen – über vierzig Jahre ... Damals gab es eine Schäferhündin dieses Namens in meinem Leben, die auch genauso aussah wie diese hier. Etwas älter vielleicht, so etwa drei bis vier Jahre alt. Vor über vierzig Jahren ...

Spätherbst 1917. Erster Weltkrieg. Damals lag ich mit meiner Kompanie an der Westfront vor Cambrais, und es war schon das vierte Jahr des gewaltigen Ringens. Man hatte den Vormarsch 1914, die Kämpfe an der Ostfront, in den Vogesen, das Trommelfeuer an der Somme und die Sumpf- und Bunkerkämpfe in Flandern hinter sich, war müde, ausgehöhlt, zynisch und hoffnungslos. Das einzige, was noch stand und hielt, war die Kameradschaft. Der Kumpel rechts, der Kumpel links, der Leutnant, der schon graue Haare hatte, der Sanitäter, der im dicksten Feuer seine Haut riskierte, um uns zu verbinden und abzuschleppen, wenn wir eins verpaßt bekommen hatten. Auf diesen ganz engen Kreis, der in den ewig nassen Unterständen beieinanderhockte, sich zankte, verkohlte, auf die Nerven fiel und den man trotz alledem nicht entbehren konnte und wollte, war das Leben beschränkt.

Wir hausten zu viert in einem Unterstand: Franz, der Düsseldorfer Metallarbeiter, Emil, der Berliner Droschkenchauffeur, Josef, der »Sani«, und ich. Dreißig Meter weiter, im Befehlsbunker, lag der Leutnant mit den grauen Haaren, Dr. Ellinger, Oberlehrer im Privatberuf. Dazwischen immer dasselbe Grabenstück. Die letzten Wochen war es ziemlich ruhig bei uns gewesen, und wir hatten uns den Graben mit Laufstegen einigermaßen eingerichtet. Vor dem Graben lag das Drahtverhau, dann kamen zwei- bis dreihundert Meter wüstes Niemandsland voller Granattrichter.

Der Tag war eintönig verlaufen. Der Abend sank, von Nässe tropfend, und die abendliche Dunkelheit sickerte vom grauen Himmel. Die beiderseitige Artillerie hatte gerade ihre letzte Routinesalve abgefeuert. Wir saßen beim Flackern des Hindenburglichtes in unserem Unterstand, den wir »Fürstenkeller« getauft hatten. Franz stopfte seine Socken, Emil jagte Läuse in den Nähten seiner Uniformjacke. Ich bemühte mich, eine mehr als drei Wochen alte Zeitung zu lesen, und Josef, der Sani, schrieb an seine Frau. Irgendwo brummte ein spätes Flugzeug.

»Ihr werdet sehen«, sagte Emil, »jetzt, wo wir mit den Russen Frieden geschlossen haben und die Ostdivisionen frei geworden sind, wird's hier bei uns wieder losgehen. Es geht hier noch mal wüst los, sage ich euch, ich hab das in den Knochen.«

»Mir wär's lieber, ich hätt was von deinen Schinken in

den Knochen«, sagte Franz zu Josef, dem Sani. Der stammte vom Lande, aus Westfalen, und bekam noch immer gewaltige Freßpakete von daheim geschickt. Aber er war so ein richtiger und filziger Bauer, hatte einen blonden Dickschädel, war einsilbig und geizig. Sehr selten rückte er mal was raus. Als Franz ihn jetzt wieder anzapfte, grinste er nur.
»Franz hat recht«, sekundierte ich ihm, »was haste schon von deinen Würschten und Eiern, du stinkiger Geizknochen, wenn se dir morgen eins vorn Latz knallen?«
»Dann is immer noch lang Zeit«, gab Josef zurück, faltete mit aufreizender Langsamkeit den Brief zusammen, steckte ihn ins Kuvert und leckte ihn sorgfältig zu. Bedächtig begann er nun, sich seine Schuhe auszuziehen.
»Deine Sulzquanten sind kein Ersatz fürn paar westfälische Setzeier mit Speck!« schnauzte Emil giftig. Josef wollte erwidern, aber Franz hob plötzlich den Kopf: »Haltet mal die Klappe! Hört ihr nichts?«
Wir horchten. Emil schüttelte den Kopf: »Ick hör nischt! Hast wahrscheinlich 'n kleenen Mann im Ohr.«
»Aber...«, protestierte Franz. Und dann energisch: »Ruhig doch mal! Ruhe –«
Und dann hörten wir's auch. Es war ein Laut der Qual, ein Mittelding zwischen Heulen und Winseln.
Josef zog sich mechanisch die Knobelbecher wieder an: »Da is einer draußen!«
Er stand auf, kroch in den Mantel, stülpte den Stahlhelm auf, nahm seine Verbandstasche und setzte sich in Bewegung.
»Warte, ich komm mit«, sagte Franz.
»Ick ooch, hol's der Teufel«, polterte Emil hinterdrein.
»Dann ich auch«, sagte ich, »muß sowieso mal raus.«
Wir standen draußen an die Brustwehr gedrückt und horchten in den rauschenden Regen. Da war es wieder! Lauter hier draußen, ein schauerliches Winseln, daß es uns über den Rücken lief.

»Er muß da halb rechts liegen, im Drahtverhau«, meinte Emil.
»Vielleicht einer von der Abendpatrouille?«
»Oder einer von drüben?« meinte Franz.
»Auf jeden Fall hat er Pech gehabt, denn außer den paar Feuerstößen heute nachmittag war doch gar nichts los. Wir sollten's dem Leutnant melden«, riet ich.
Wieder ein Laut! Das Winseln. Und dann, ja, wir hörten es nun alle zur gleichen Zeit: ein kurzes, heiseres Bellen.
In der geisterhaften letzten Ahnung von Licht, das noch im grauen Himmel schwamm, starrten wir uns an.
»Das ist ja gar kein Mensch – nur ein Hund!« sagte ich.
»Nur ein Hund!« äffte Franz mich nach, »nur ein Hund ...«
Er drehte sich zu Emil um: »Komm, Kumpel, wir holen ihn!«
»Ihr seid ja verrückt«, mischte sich nun Josef ein. »Die da drüben sind verdammt auf Draht in den letzten Tagen. Wenn ihr wegen einem Köter da draußen rumkriecht und sie erwischen euch, dann muß ich euch hinterher. Laßt ihn liegen, und wenn's morgen hell ist und er lebt noch, geben wir ihm den Gnadenschuß.«
Franz schob ihn mit der Hand beiseite: »Ich geh zuerst«, sagte er unbeirrt, und zu Emil: »Los, wir kriechen hier halb rechts durch den Draht bis zu den ersten Trichtern. Hol deine Taschenlampe und 'ne Zeltbahn.«
Minuten später waren die beiden Männer in der Dunkelheit verschwunden. Josef starrte ihnen nach: »Diese verdammten Idioten!« Die Zeit verrann. Zweimal hörten wir leises Klappern. Dann stieg von drüben eine Leuchtkugel empor, tauchte die Landschaft des Todes in gespenstisches Licht: »Hab ich's nicht gesagt!« schnauzte Josef und wischte sich mit dem Ärmel den herabrinnenden Regen aus dem Gesicht. Ein Maschinengewehr bellte einen Feuerstoß. Dann erlosch das Signal, und wieder

wurde die Welt von der Finsternis verschlungen. Nach einer endlosen Viertelstunde hörten wir Laute. Ein Schnurren und Keuchen. Kurz darauf einen leisen Pfiff. Eine dunkle Gestalt rutschte über den Grabenrand, zerrte etwas hinter sich her.

»Hier, faßt doch mal an, ihr blöden Säcke! Vorsicht, Franz! Langsam loslassen!«

Die Zeltbahn glitt über den Grabenrand. Sie war prall gefüllt, und darin winselte etwas.

»Na los doch, vorsichtig!« kommandierte Franz, der jetzt ebenfalls in den Graben plumpste. »Langsam! Wir nehmen ihn zu uns rein.«

Alle vier hatten wir jetzt einen Zipfel der Zeltbahn in den Händen und schleppten sie behutsam in den Unterstand. Dort legten wir sie auf den Tisch, den wir aus Kistendeckeln gezimmert hatten und der unser ganzer Stolz war. Und dann sahen wir die Bescherung: es war eine Schäferhündin. Abgemagert, verdreckt, mit einem Schuß, der ihr den Hinterschenkel zerschmettert hatte. Das Fell fahler Ocker, schwarze Decke und schwarze Gesichtsmaske. Sie winselte.

»Sieht böse aus!« konstatierte Josef, der Sanitäter.

»Hol lieber dein Verbandszeug«, fuhr ihn Franz an.

Emil strich ihr sanft über die jagenden Flanken: »Ruhig, sei janz ruhig, junge Dame! Ist sie nicht 'ne Schönheit?«

Die zwei Säcke, die als Vorhang dienten, teilten sich, und Leutnant Ellinger kroch herein: »Was ist hier eigentlich los?«

Franz grüßte: »Ein Hund – äh, eine Hündin, wollte ich sagen. Wir haben sie eben geholt, Herr Leutnant. Lag draußen, schwer verwundet...«

»Das sehe ich«, sagte der Leutnant, an den Tisch tretend und das Tier musternd, »wenn ihr Kerls das nächste Mal wegen so was rauskriecht« – er legte seine Hand auf die Stirn des stöhnenden Hundes: »Man sollte ihm den Gnadenschuß geben.«

»Kommt gar nicht in Frage!« brauste Emil auf. »Verzeihung, Herr Leutnant, ich meine – wir sollten versuchen, sie nach hinten zu bringen, ins Lazarett!«
»Und wenn sie gesund wird, holen wir sie wieder!« ergänzte Franz.
Der Leutnant mit den grauen Haaren sah zwischen den beiden Männern hin und her: »Ihr seid wirklich total verrückt!« Er starrte wieder auf das wimmernde Tier und fuhr dann den Sanitäter an: »Das ist doch alles Unsinn, was Sie da machen! Das Bein muß vor allen Dingen erst mal geschient werden! Nehmen Sie den Stock in der Ecke!«
Er drehte sich um und sagte im Hinausgehen:
»Im übrigen habe ich nichts gesehen und weiß auch von nichts.«
»Anständig von dem Alten«, sagte Franz. »Los, Josef, nimm den Knüppel, wir sägen ihn in der Mitte durch.«
Gemeinsam schienten sie das Bein, während Franz immer redete: »Brav, mein Kerlchen, brav! Gleich ist das alles vorbei!«
Das Tier stöhnte, richtete aber dann den Kopf auf und leckte ihm die Hand. Franz sah sich in der Runde um, als ob er soeben befördert worden sei: »Habt ihr det jesehn?«
Emil kramte sein Eßgeschirr vor und goß Wasser ein: »Vielleicht hat sie Durst?«
Die Hündin trank gierig und legte dann den Kopf mit den fiebrigen Augen auf den Tisch.
»So«, sagte Franz, »fertig. Jetzt bringen wir sie sofort nach hinten. Irgendeinen von den Lazarettbullen werden wir schon organisieren.«
»Die werden euch was scheißen«, meinte Josef. Mürrisch betrachtete er Franz und Emil, die nun das Tier vorsichtig vom Tisch herunterhoben und es wieder auf die Zeltbahn legten. »Allein schafft ihr das doch niemals, ich komme mit.«
»Ich auch!« sagte ich.

Emil sah mich an: »Ach nee! Ick dachte, det is nur 'n Hund?«
»Quasselt nicht so lange«, unterbrach uns Franz. »Faßt an und los, aber bildet euch nur nicht ein, daß sie euch dann auch gehört! Die haben wir zwei ganz allein geholt, Emil und ich – das bleibt unser Hund!«
Franz drehte sich zu Josef um: »Du kannst doch überhaupt nicht mit! Wenn nun hier was passiert derweilen! Du bist doch der erste, nach dem sie brüllen!« Er zeigte auf mich: »Der da genügt! Der löst mal mich und mal den Emil ab.«
Der Verbandsplatz war elf Kilometer entfernt. In Nacht und Regen brauchten wir fast vier Stunden, und es war gegen zwei Uhr, als wir endlich ankamen.
In einem ziemlich weitläufigen, nicht allzu zerstörten Bauerngehöft war der Verbandsplatz untergekommen.
»Los, Jungs«, sagte Franz, »wir müssen noch was für unser Äußeres tun. So 'n Oberstabsarzt ist unter Umständen kommissiger als alle anderen.«
»Wat willste denn schon machen?« knurrte Emil, »laß uns lieber det arme Vieh schnell rinschaffen!«
»Nee, nee«, beharrte Franz stur. »Richte mal deine Latichte her – nee, hierher, auf mein Koppelschloß! So is jut.« Er holte ein Stück Zeug aus der Hosentasche, das von ihm zum Taschentuch ernannt worden war und begann, im Schein der Taschenlampe sein Schloß zu putzen.
»Bei dir hat et ooch in de jute Stube jerejnet«, sagte Emil. »Aber wenn et für unsere Kleene hier is, meinetwejen.«
Und so wienerten er und ich auch unsere Koppelschlösser. Dann knöpften wir uns die Kragen zu und setzten die Helme gerade. Die Knobelbecher wischten wir noch mit feuchtem Gras ab und gingen dann auf die kaum wahrnehmbare Lichtlinie zu, die die Umrisse einer Tür markierte.
Drinnen lag der Sanitätsfeldwebel auf einer Pritsche und

schlief. Er war ein großer, rothaariger Bursche, der aussah wie ein Schlächter. Als wir eintraten, fuhr er hoch: »... is denn los? Was bringt ihr denn da?«
Franz kramte ein Päckchen englischer Beutezigaretten aus der Tasche und gab sie ihm: »Hör mal zu, Kumpel. Du bist doch auch 'n Tierfreund! Das hier haben wir aus 'm Drahtverhau geholt! Hat 'n Schuß in 'n Hinterschenkel gekriegt. Frag doch mal deinen Ollen, ob er's nicht zurechtflicken kann.«
Der Feldwebel stellte sich mit gespreizten Beinen vor ihn hin und stierte ihn an wie ein gereizter Bulle: »Ihr seid wohl total plemplem, was? Erstens wegen so 'ner Töle, und zweitens hat der Alte bis spät abends operiert, ins Nachbardorf haben sie mit Langrohren reingerotzt. Gib dem Köter eins ins Genick, und der Fall ist erledigt, verstanden? Haut nur schleunigst ab und laßt mich weiterpennen! Los, los, verduftet. Auf eure Zigaretten scheiß ich, hab selber genug.«
»Ja«, sagte Emil und trat näher zu ihm heran. »Du hast jenug, du fettjefressner Feuermelder! Wenn ick dir ansehe, dann merke ick erst, wieviel besser unser Hund hier is als so 'n nachjemachter Mensch wie du!«
Das Gesicht des Sanitätsfeldwebels wurde fast genauso rot wie seine Haare.
»Unteroffizier!« brüllte er, »was nehmen Sie sich da raus? Ich werde Sie melden!«
»Ja, melde mir man!« sagte Emil mit eisiger Ruhe. »Für mein' Hund laß ick mir jern in 'n Kasten steckn, det sitze ick uff eene Arschbacke ab, vastehste? Und dann, dann lach ick noch dazu, ick ...«
In diesem Augenblick öffnete sich die Tür, und es erschien eine Gestalt in Unterhosen mit zerrauften Haaren. Es war ein Mann von etwa fünfzig Jahren mit bleichem Gesicht und schweren Säcken unter den Augen. »Was zum Teufel geht eigentlich hier vor?«
Der Feldwebel riß die Knochen zusammen: »Melde ge-

horsamst, Herr Oberstabsarzt, diese drei Leute wollten Sie wegen eines Hundes mitten in der Nacht stören, und als ich ihnen verbot, Herrn Oberstabsarzt damit zu belästigen, wurden sie ausfallend, besonders der Unteroffizier hier! Dabei habe ich ihnen ausdrücklich erklärt, daß Herr Oberstabsarzt bis zum späten Abend operiert hätten und sie dem Köter eins ins Genick geben sollten ...«
Der Oberstabsarzt kniff die Augen zusammen: »So, das haben Sie gesagt, Krüger?«
Er sah nun uns an. Wir hatten Männchen gemacht und standen wie die Salzsäulen. Vor unseren Füßen, in der Zeltbahn, lag die Hündin. Sie hechelte schwer und starrte mit riesigen, fiebrigen Augen zu dem Arzt empor. Der kniete sich plötzlich nieder und strich ihr übers Fell. Trotz seiner Unterhosen und seiner unordentlichen Frisur sah das gar nicht komisch aus. Er richtete sich dann ächzend wieder auf: »Wie lange habt ihr sie getragen?«
»Elf Kilometer, Herr Oberstabsarzt!« meldete Franz.
In dem Gesicht des Arztes ging etwas vor, das wir nicht deuten konnten. »So«, wiederholte er, »elf Kilometer. Ihr hättet gar nicht erst eure Koppelschlösser zu polieren brauchen, ihr Idioten! Los, Krüger, fassen Sie an, wir operieren.«
»Herr Oberstabsarzt –« stammelte Emil, »Herr Oberstabsarzt wollen wirklich ...«
»Sie scheinen was im Ohr zu haben«, knurrte der Arzt. Dann kniff er wieder ein Auge zu und murmelte: »Hab nämlich selber eine Schäferhündin zu Hause, Laska heißt sie.«
Franz salutierte: »Herr Oberstabsarzt – falls sie durchkommt – sie hat nämlich noch keinen Namen – dann möchten wir sie gerne Laska nennen, wenn Herr Oberstabsarzt gestatten!«
Der Arzt lächelte zum erstenmal und schüttelte den Kopf: »Ach, nennt sie doch, wie ihr wollt, ihr verrückte Bande ihr! Also wartet hier.«

Es dauerte fast eine Stunde, bis er wiederkam, den Hund auf den Armen: »So, hier habt ihr eure Laska. Es war nicht so schlimm, wie's aussah. Aber achtgeben müßt ihr schon auf sie! Und nun macht, daß ihr wegkommt, bevor's hell wird. Holt euch da aus dem Stall etwas Heu und legt 's ihr unter, damit sie nicht so hart auf der Plane liegt und sich womöglich noch stößt. Außerdem könnt ihr ja auch stolpern mit ihr...«

Er überwachte die Verpackung und streichelte immer wieder den langen, schmalen Kopf der Hündin. Und siehe da, sie leckte seine Hand. Irrten wir uns, oder wurden die Augen des Arztes feucht? Er wandte sich zu uns um und schnauzte: »Ja, seid ihr denn noch nicht draußen?«

Dann ging er zur Tür, und das letzte, was wir von ihm sahen, war seine Gestalt, die in die kahle Bauernstube zurückkehrte. Er war noch immer in Unterhosen.

Wir gingen zurück und kamen nur sehr langsam vorwärts. Einmal hielten wir an, weil Emil aus einem Granattrichter mit dem Helm Wasser schöpfte und der Hündin zu trinken gab.

So dämmerte es bereits, als wir wieder in unseren Graben krochen.

Josef war gleich da: »Na?«

»Hat jeklappt, natürlich!« erklärte Emil großspurig. »Hier, kannst dir mal ankieken, wie man so 'n richtijen Verband macht!«

Josef polterte hinter uns her, und drinnen im Unterstand geschah dann ein Wunder: er kroch unter seine Pritsche, hantierte geheimnisvoll eine Weile herum und tauchte dann mit einer dicken Scheibe Schinken in der Hand wieder auf. Er hielt sie Laska hin: »Na, möchtste?«

Laska roch jedoch nur daran, wandte dann den Kopf. Franz riß dem Sani die Schinkenscheibe aus der Hand und stopfte sie sich auf einmal in den Mund: »Die frißt doch das nicht, wenn sie Schmerzen hat!«

»Na, du wenigstens scheinst keine zu haben«, brummte Josef.
Eine Stunde später hob sich der Sack vor unserer Bunkertür zur Seite, und Leutnant Ellingers Kopf schob sich herein: »Na, was war los?«
Emil meldete. Der Leutnant sah sich lange den Hund an, grunzte noch einmal und verschwand.
Gegen Mittag erschien er wieder und sah sich abermals die Hündin an. Dann nahm er den Helm ab und kratzte sich den Kopf: »Die liegt ja so still?«
»Ja«, erklärte Franz, »sie schläft. Der Arzt hat ihr wohl 'ne Spritze gegeben, und die wirkt jetzt.«
»Aber sie zuckt doch so mit den Pfoten?« sagte Ellinger.
»Det is, weil se nämlich träumt, Herr Leutnant!« erklärte Emil wichtig. »Wenn die träumen, zucken se immer. Wir hatten ze Hause 'n Dackel, 'n janz dicken, Stoppwurscht ham wir 'n jenannt, und der, der zuckte ooch immer.«
Der Leutnant seufzte: »Ich war eben beim Abschnittskommandeur. Ihr dürft den Hund behalten, aber bei Nacht muß er im Unterstand bleiben, damit er keine Verwirrung anrichtet, wenn's was gibt. So gegen Morgen könnt ihr ihn rauslassen. Seid natürlich dafür verantwortlich, daß er keinen Blödsinn macht und nicht überall rumläuft.«
Er versuchte vergeblich, seinem Gesicht einen strengen Ausdruck zu verleihen: »Ja, das stellt ihr euch alles so einfach vor, ihr Dösköppe! Ein Hund im Graben – so was hat's wohl noch kaum gegeben und wird bestimmt noch manchen Ärger machen. Wie heißt er überhaupt?«
»Laska!« meldete Franz stolz. »Herr Oberstabsarzt hat ihn selber getauft!«
»Das beruhigt mich aber kolossal«, brummte Ellinger wieder. »Seid froh, daß der Oberstleutnant auch einen Schäferhund zu Hause hat.«
Von diesem Tage an begann für uns vier, besonders für Emil und Franz, ein anderer Lebensabschnitt. Etwas war

bei uns, etwas Weibliches, dem man Liebe geben und von dem man Liebe empfangen konnte, etwas, dem man die größten Dummheiten in das gespitzte Ohr flüstern konnte und das einem dafür mit der heißen Zunge, selig grinsend, das Gesicht leckte. Ein völlig unsachliches Wesen, das einen des Morgens weckte, indem es uns die Pfote auf den Kopf legte, das vor keinem Rang Respekt hatte und um das wir von sämtlichen Unterständen beneidet wurden.

Wir waren unbändig stolz auf unsere Laska. Jeder Fortschritt, den ihre Heilung machte, war sofort im ganzen Kompanieabschnitt bekannt. Zuerst konnte sie das Hinterbein nur ganz vorsichtig bei jedem zehnten oder zwölften Schritt für einen Moment aufsetzen. Doch bald konnte sie schon drauftreten und damit zwei Schritte von einem Dutzend machen. Nach Ablauf von weiteren vierzehn Tagen entschlossen sich Emil und Franz, nach eingehender Beratung mit Josef, dem Sani, ihr die Schiene abzunehmen.

An diesem Abend betranken wir uns zum Wohle des Oberstabsarztes, der ein wahres chirurgisches Wunder an unserer Laska vollbracht hatte. Emil hatte Schnaps organisiert, Josef vergaß sich selbst und schmiß einen halben Schinken, den er erst am Tag zuvor von zu Hause bekommen hatte. Leutnant Ellinger war unser Ehrengast und brachte zwei Flaschen roten Wein mit. Manchmal sehe ich uns noch jetzt im Bunker sitzen: fünf unrasierte, schmutzige Männer in abgetragenen Uniformen. Auf dem Kistendeckel die Flaschen, die wir feierlich rundumgehen ließen. Aber zwischen Emil und Franz, elegant und nervös, Laska, nach beiden Seiten Küßchen austeilend und in der Wärme glücklich hechelnd. Der flackernde Schein des Hindenburglichtes ließ höllengrüne Reflexe in ihren Augen aufflammen und die hochgestellten Lauscher riesig groß als Schatten auf der Wand emporwachsen. –

Wir bewunderten sie maßlos. Alles an ihr! Ob es nun

das dichte Haar war oder die lustigen schwarzen Striche, die sie in den Augenwinkeln hatte (Emil: »Du bist ja direkt jeschminkt, du Racker!«), oder auch die kräftigen Krallen an den schlanken Läufen, die harten, flachen Muskeln an den Schenkeln und den tiefen schmalen Bug.

Laska hatte sich völlig in ihre merkwürdige Situation eingelebt. Sie hatte begriffen, daß sie nur im Graben laufen durfte und daß alles, was oberhalb der Grabenwände lag, für sie tabu war. Den Vormittag vertrieb sie sich die Zeit – und besonders die Mittagszeit – damit, in den Unterständen Besuche zu machen. Es gab keinen, der nicht für sie einen der wenigen Fleischbrocken aus dem sogenannten »Gulasch« fischte, und Franz, der niemals satt wurde, behauptete, sie sei das einzig wirklich gesättigte Wesen in der ganzen Kompanie. Immer aber fand sie wieder zurück zu uns und legte sich ganz selbstverständlich auf Emils oder Franz' Pritsche, je nachdem, welche gerade frei war.

Eines Tages kam sie wieder von einem Rundgang zurück, und bei ihrem Anblick fielen uns fast die Augen aus dem Kopf. Sie trug ein breites grünes Halsband, und darauf stand der Name Laska mit kleinen, blanken Nägelchen kunstvoll eingestanzt. Kischuweit, unser Kompaniesattler, hatte es ihr gemacht. Wo er aber das grüne Leder und die Nägel hergezaubert hatte, das wird für uns alle ein Geheimnis bleiben.

Oft unterhielten wir uns darüber, wo sie wohl herstammen könne. Franz meinte, sie habe bestimmt einem Bauern gehört. »Vielleicht«, meinte ich, »ist es gar nicht recht, sie nun, wo sie gesund ist, einfach hier festzuhalten. Vielleicht ist sie nur durch eine Explosion verscheucht worden und konnte dann, durch ihre Verwundung, nicht wieder zu ihrem alten Herrn zurück? Ich habe selbst mal eine Schäferhündin gekannt, die vierzehn Tage lang verschwunden war, weil in der Silvesternacht einer einen Knallfrosch nach ihr geworfen hatte.«

»Ja«, sekundierte Josef, froh, den beiden Hundebesitzern etwas auswischen zu können. »Da hat der Stefan aber wirklich recht! Es ist sogar unverantwortlich, das Tier hier festzuhalten. Wenn wir nun Zunder kriegen und es geht dabei drauf?«
Das war nur eine kleine Bosheit und nicht ernst gemeint von Josef, aber in den biederen Herzen von Emil und Franz schlug es ein wie eine 30,5 cm-Langrohr-Granate. Sie wurden ganz blaß und sahen sich erschrocken an. Dann fand Franz als erster die Sprache wieder: »Tja, Emil, können wir denn das verantworten?«
Emil kratzte sich hinterm Ohr: »Vaflucht, schließlich jeht et ja nich um uns, sondern um det Tier.«
In diesem Augenblick erkannte ich, was für grundanständige Charaktere diese beiden Männer doch waren. Sofort waren sie bereit, das ganze Glück ihres bedrohten, armen Landserlebens zu opfern, um ihrem Liebling eine Chance zu geben.
Laska war bei der Wendung des Gesprächs aufgestanden, als wüßte sie plötzlich, daß es um sie ging. Emil hatte Wasser in den Augen und streichelte hilflos ihre buschige Rute. Sie sah glücklich zu ihm auf und hechelte ihn an.
»Ich mache euch einen Vorschlag«, sagte ich. »Wir geben ihr eine Chance heute nacht.«
»Wie willst du denn das machen?« fragte Josef.
»Wir lassen einen langen Telefondraht durch ihr Halsband laufen, dann setzen wir sie auf den Grabenrand und lassen sie los. Wenn sie bis zum Ende des Drahtes läuft und dann dran zerrt, ziehen wir einfach das eine Ende vom Draht an und holen ihn so zurück, damit sie frei laufen kann.«
Und so geschah es.
Es war ein Jammer zu sehen, wie Emil und Franz von ihr Abschied nahmen. Um ihren Schmerz zu verbergen, fluchten sie so entsetzlich, wie ich's noch nie zuvor von ihnen gehört hatte. Dann drückten wir alle der Reihe

nach Laska noch einmal an die Brust, spionierten, ob die Luft rein war und hoben sie dann auf die Brustwehr. Es war eine mondlose Nacht, aber die Sterne waren draußen. Dicker Schnee, der erste in diesem Jahr, war gefallen und deckte das Feld, nur ab und zu zerrissen durch einen frischen Trichter. Ganz schemenhaft sahen wir den Hund gehen. Jetzt blieb Laska noch einmal stehen und wedelte schwach mit der Rute und sah sich nach uns um. Dann hob sich die lange Nase witternd in den Wind, und so ging sie, Schritt für Schritt, in die Dunkelheit hinein. Es blieb nur noch der Draht, der unerbittlich durch unsere frostklammen Fäuste lief.

Und nun war er am Ende – und Laska zerrte! Wir holten den Anfang ein und hatten jetzt den ganzen Draht in den Händen. Wir froren wie die Schneider, starrten fassungslos in die Nacht, fragten uns, wo unsere Laska geblieben sein mochte. Keiner sprach ein Wort, wir blieben wie am Grabenrand festgeklebt. Die Zeit verrann. Vielleicht eine Viertelstunde mochte vergangen sein, als sich schließlich Josef, der Sani, von der Brustwehr abstemmte.

»Na, Leute«, murmelte er halblaut, »hat ja doch keinen Zweck mehr. Mir klappern die Zähne, gehn wir rein. Komm, Emil.«

Der aber stieß ihn von sich: »Kannst ja runterjehn, wenn du frierst, ick warte.«

Franz legte ihm den Arm um die Schulter: »Komm runter, Kumpel, wahrscheinlich ist sie ...«

Im gleichen Moment hörten wir ein Geräusch, ein ganz leises Schlurren. Und dann erschien über unseren Köpfen ein Schatten und ein ganz schnelles Hecheln.

Emil warf die Arme hoch und schrie: »Laska!« Franz mußte ihm erschrocken den Mund zuhalten.

Mit einem Plumps war sie wieder im Graben und sprang glückselig an ihren Pflegevätern hoch.

Franz richtete sich stolz auf: »Na, was habe ich gesagt?«

»Wat de jesacht hast, du Kohlkopp? Ick soll runterjehn, haste jesacht! Aber ick, ick ha' jewartet!«
Er hielt die Hündin streichelnd im Arm und schluckte ergriffen.
Die Wochen verstrichen. Der Winter hielt das Land in eisigen Krallen. Wir wurden abgelöst. Dieses Mal aber änderte sich unser aller Leben entscheidend. Wir kamen zu einer Kraftwagenkolonne und wurden als winziges Rädchen in das ungeheure Räderwerk der letzten deutschen Frühjahrs-Offensive eingeschaltet. Himmel, was war da hinten los! Ganze Gebirge von Munition, ganze Barakkenstädte mit Divisionen, zwei davon neu, mit frischen Uniformen, zusammengesetzt aus halben Kindern und alten Männern. Andere wieder, die man aus dem Osten geholt und erneut zusammengestellt hatte. Ein gigantisches Todesgewitter zog sich da zusammen. Wir karrten Tag und Nacht Verpflegung und Munition. Unsere Lkw fuhren auf Ersatzreifen, denn Gummi gab's in der Heimat schon nicht mehr. Tolle Dinger, diese Reifen! Schwere Eisenbänder auf Sprungfedern.
Und Laska immer bei uns!
Meist fuhr Emil als gelernter Chauffeur und Franz als sein Beifahrer, während Josef und ich hinten drin hockten. Zwischen Franz und Emil, hochaufgerichtet und aus ihren gelben Sonnenaugen unermüdlich um sich blickend, Laska.
»Wie 'ne Prinzessin, unsere Kleene, wenn se in de Kutsche jefahrn wird!« meinte Emil stolz.
Wir hatten eine besondere Technik entwickelt, die »Prinzessin« blitzschnell unter einem Sack verschwinden zu lassen, wenn ein Auto mit Offizieren oder Feldgendarmen auftauchte. Die Wagen vor und hinter uns signalisierten es schon immer.
Und dann, so Ende Februar, Anfang März, wurden die da drüben unruhig. Sie hörten wohl das Brummen und Rollen der Offensivvorbereitungen und begannen mit

ihren Langrohren weit ins Hinterland zu schießen. Systematisch legten sie die Dörfer hinter unserer Front in Trümmer, und immer häufiger trafen wir, wenn wir nach vorn fuhren, die bejammernswerten Züge der flüchtenden Einwohner, deren Hab und Gut und Heimat im unersättlichen Rachen des Krieges verschwunden war. Am 9. März vormittags kam uns auch wieder so ein Zug entgegen. Es waren nicht viele. Vornweg ein Leiterwagen mit Frauen und Kindern, von zwei klapperdürren Gäulen gezogen. Hochgetürmt mit allerlei Hausrat. Dahinter etwa ein Dutzend Männer, ganz alte und ganz junge, die unter der Last ihrer Bürden wankten.

Es regnete in Strömen, und die unglücklichen Menschen rutschten und taumelten in dem knöcheltiefen Schlamm der grundlosen Landstraße. Jetzt wurden sie durch unsere Kolonne auch noch gezwungen, mit ihren Pferden ins Feld auszuweichen. Der Wagen blieb sofort stecken, denn das konnten die schwachen Tiere nicht mehr schaffen. Die Männer ließen ihre Packen in den Lehm sinken und blieben mit hoffnungslos leeren Gesichtern am Wegrand stehen. Kein Muskel regte sich darin, während wir an ihnen vorüberrollten.

»Tun einem leid, die armen Ludersch«, sagte Josef neben mir. »Haben doch nun wirklich nichts und niemand was getan. Aber das verstehst du natürlich nicht, was das bedeutet, so vom Hof runter, die Obstbäume abgeknickt, die Scheune verbrannt, die Tiere in den Ställen verreckt ...«

Da sah ich plötzlich, wie einer von den Flüchtlingen, ein alter Mann mit dünnem weißem Kinnbart und einer Ballonmütze, sich steil aufrichtete. Dann ließ er seinen Stock fallen, hob beide Arme hoch und schrie: »Ma Fidèle, ma Fidèle!«

»Was hat er denn?« fragte ich noch, aber da geschah es auch schon. Vorn schrie Franz gellend: »Laska! Der Hund! Paßt auf!«

Aber Laska war schon über unsere Köpfe hinweg. Der alte Mann glitt langsam nach rückwärts, die Arme noch ausgestreckt: »Ma Fidèle, ma Fidèle!«
Laskas Ohren standen ganz hoch, die Rute peitschte, sie lachte glückselig, und dann war sie mit einem Satz vom Wagen. Aber in ihrem Taumel, das alte Herrchen wiedergefunden zu haben, hatte sie nicht aufgepaßt. Sie sprang dem nachfolgenden Wagen direkt vor die Räder, und obwohl der Fahrer auf die Bremse trat, daß drinnen im Wagen alles durcheinanderflog, konnte er's doch nicht verhindern, daß seine Räder, diese Ersatzräder eines verlorenen Krieges, über den Leib des Hundes gingen. Wir saßen, Franz, Emil und ich, wie gelähmt. In unseren Ohren hing der spitze Schrei des tödlich getroffenen Tieres. Nur Josef, der Sani, wußte, was er zu tun hatte.
Wie der Blitz war er von meiner Seite, kniete neben Laska im Schlamm der Straße, hob den Kopf und schüttelte ihn. Dann entsicherte er die Pistole und setzte sie ihr hinters Ohr ...
Um uns Riesentumult. Leutnant Ellinger und zwei andere Offiziere tauchten vor uns auf. Was denn, zum Teufel, los sei, die ganze Kolonne stecke fest. Und am Himmel erschien jetzt auch noch ein englischer Flieger. Emil wurde furchtbar angeschnauzt. In der Aufregung schaltete er falsch, während ihm die Tränen übers Gesicht liefen. Das Getriebe krachte, und nun ging es schon gar nicht mehr weiter. Man schleppte uns zur Seite, während die Kolonne an uns vorüberfuhr.
Leutnant Ellinger hatte sich zu Emil auf den Führersitz gesetzt: »Nun reißen Sie sich mal zusammen, Mann.«
Es dauerte aber eine ganze Weile, bis der Wagen wieder in Gang kam. Und während dieser ganzen Zeit saß ich wie betäubt und sah alles wie in einem Film, der hart und unerbittlich vor mir ablief. Es war so, als ob ich es gar nicht selbst erlebte.
Und in diesem Film war ein alter Mann mit schütterem

weißen Bart, der eine tote Schäferhündin auf den Armen hielt und sie langsam und unendlich vorsichtig wie ein Kind auf das kotige Feld trug. Dort legte er sie zu seinen Füßen nieder, strich ihr das Fell und die lange Rute glatt. Nun hob er eine alte Konservendose auf und begann mit ihr ein Grab zu schaufeln. Immer nur so eine Handvoll Erde auf einmal, während der unendliche Regen auf ihn niederfiel.

Es gab einen Ruck, der Wagen sprang an, kletterte mühsam mit immer wieder durchdrehenden Rädern auf den Glitsch der Landstraße zurück. Wieder saßen Josef und ich nebeneinander und hinter uns Franz, die Hände vorm Gesicht. Wir fuhren vorwärts, und in der Ferne verschwand die kleine Gestalt, die sich da mit marionettenhaft-mühseliger Langsamkeit des Alters immer wieder niederbeugte und immer wieder ein wenig nasse Erde mit der alten Blechbüchse auf unsere tote Prinzessin schüttete.

Jakobs Reise nach Berlin

Aus dem Roman »Gute Nacht, Jakob«

Vor dem ersten Weltkrieg, in jener richtigen goldenen Friedenszeit, da man – wenn auch gänzlich zu Unrecht – Pläne für das Leben der Enkel machte, war ich zur Zeit dieser Geschichte ein kleiner Bub von etwa zehn Jahren. Dieser kleine Bub nun lebte mit seiner Mutter nach dem frühen Tode seines Vaters bei seinen Großeltern, den besten und gütigsten Großeltern, die man sich vorstellen kann. Eines Tages wurde er von ihnen mit der Mama auf Ferien in die Sächsische Schweiz geschickt, und dort bekam er das erste Tier seines Lebens geschenkt, eine zahme Dohle, die wie alle Dohlen Jakob hieß. Er sowohl wie die Mama hatten ziemliche Angst, wie wohl die Großeltern auf diesen frechen schwarzen Kobold reagieren würden, der – abgesehen von seinen ungezählten Streichen, die seinem nimmermüden Gehirn entsprangen – so alle fünf bis zehn Minuten am entgegengesetzten Körperende etwas fallen ließ. Zunächst aber galt es, nach Ferienende dieses Wesen in die Berliner Wohnung zu transportieren, und dabei ging es folgendermaßen zu:

Die Ferien waren fast unbemerkt verflogen, und es ist bezeichnend, daß ich mich außer an Jakob kaum an etwas aus diesen Wochen erinnern konnte. Sonst führte ich dicke Tagebücher, in denen alle Ereignisse gewissenhaft vermerkt wurden und vor allem die genauen Pläne der

Ritterburgen und Wigwams, mit denen ich das umliegende Terrain zu »sichern« pflegte. Kam die Zeit zur Abreise, so gab es ein langes Abschiednehmen von all diesen Plätzen mit einsamen Männertränen zwischen Bäumen und auf Felskuppen. Die Pflichten der Schule stiegen wie Zuchthausmauern vor mir auf. Unerträglich, wieder in einem verglasten Steinwürfel mit einem Haufen unbarmherziger Mitschüler und dem scheußlichen Kerl hinter dem gelbgestrichenen Katheder eingesperrt zu sein und jenen trockenen Bildungsstaub herunterwürgen zu müssen, der uns angeblich »für das Leben« eingetrichtert wurde.

Diesmal nichts von alledem. Es beherrschte mich nur die eine Sorge, nämlich, wie ich Jakob so angenehm wie möglich nach Hause bringen könnte.

Die Chancen dafür sahen wenig rosig aus, denn es stand dafür nur etwas zur Verfügung, was die Mama schonend »Transportkäfig« nannte, ein winziges Ding von Holzbauer, das sie in einer Andenkenbude erstanden hatte und das höchstens einer Zaunkönig-Frühgeburt imponiert hätte. Jakob ging im wahrsten Sinne des Wortes nur mit Ach und Krach hinein, obwohl er vor Angst ganz dünn war. Drinnen konnte er sich nicht umdrehen. Auf der einen Seite guckte der Schwanz, auf der anderen der Schnabel durch die Gitterstäbe. »Es ist ja nur für ein paar Stunden!« tröstete die Mama. Ich heulte.

Schließlich saßen wir im Abteil. Jakob kam oben ins Gepäcknetz. Zunächst war er vor lauter Widerstand und Angst so erschöpft, daß er in dem Käfig förmlich hing. Die Flügel waren jämmerlich zur Seite gespreizt, so daß die gestutzten, ruppigen Schwungfedern herausstachen, der Hals hing ihm nach vorn, der aufgerissene, erschöpft jappende Schnabel stak durch die Stäbe.

Oben auf dem Bauer stand Mamas Hutkarton, und davor, das Sichtfeld noch mehr einengend, lagen Schirm, Stock und Luftgewehr in einer braunen Segeltuchhülle.

Ich hatte mich geweigert, mich hinzusetzen, und stand vor der Mama zwischen den Knien der Reisenden, den Hals zu meinem Liebling emporgehoben. Nur seinen offenen Schnabel konnte ich sehen, der über das alberne Segeltuch ragte. Ich haßte es.
Dann fuhr der Zug an, und in diesem Augenblick wurde Jakob wieder lebendig. Ich hörte seine Krallen auf dem Holz kratzen und malte mir aus, wie es dem armen Wesen zumute sein mußte: Nach all der Freiheit und Verwöhnung jetzt in diesem winzigen Stall eingesperrt, von Gepäck verschüttet, und nun kam dieser ganze Alptraum auch noch ins Rollen!
Jakob rumorte erst eine Weile, während der sich mir das Herz im Leibe umdrehte.
»Setz dich doch, Jungchen!« sagte eine dicke Frau hinter mir.
»Komm, setz dich!« sagte die Mama. Ich rutschte neben sie: »Können wir ihn nicht rausholen? Ich halte ihn auf den Knien!«
»Jetzt nicht – und sei endlich ruhig. Du machst mich ganz verrückt.« – In diesem Augenblick begann Jakob erst leise, dann immer lauter zu schimpfen.
»Was ist denn das dort oben?« fragte ein Herr mit gestreiften Hosen, Schnurrbart und flachem Strohhut. Er hätte ein Zwillingsbruder jenes Kerls sein können, der auf der Hinfahrt der Mama schöne Augen gemacht hatte, und auch dieser unterließ das nicht. Ich bekam natürlich sofort wieder Angst, starrte wie hypnotisiert auf seine prallen Schenkel in den gestreiften Hosen und überlegte mir mit meiner ewig auf dem Sprung liegenden Phantasie, wie es wohl wäre, wenn er mich in seiner Eigenschaft als mein Stiefvater über diese Schenkel legen und mir mit seiner dicken Hand den Hintern vollhauen würde. Der Mund unter seinem Schnurrbart sah grausam und gewissermaßen wölfisch aus. Ich vergaß für einen Augenblick direkt, an Jakob zu denken.

Die Mama erklärte ihm (meiner Ansicht nach viel zu entgegenkommend), was dort oben krächzte. Darauf wandte sich der Herr zu der dicken Frau an seiner Seite: »Ach, das arme Vögelchen! Sie haben doch gewiß nichts dagegen, wenn wir es einmal herausnehmen?«
Die dicke Frau hatte nichts dagegen, obwohl sie etwas zweifelhaft dreinsah. Sie trug einen flachen Hut aus schwarzem Stroh mit nachgemachten Kirschen und zwei Veilchenbüschen darauf.
Der Wölfische wandte sich darauf nach der anderen Seite an einen alten Herrn, dem ein goldenes Pincenez über die wegen der Hitze geöffnete weiße Weste hing. Der Herr hatte auch nichts dagegen, denn er schlief und röchelte unter seinem weißen Schnurrbart. Das übrige Abteil blieb indifferent, nur Jakob sagte in die Stille laut und erschreckend deutlich: »Armleuchter!«, gefolgt von wütenden Hieben gegen die Gefängnisstäbe. Ein paar Holzspäne segelten durch die Gegend. Ein scheues Paar in der einen Ecke, das die ganze Zeit Hand in Hand gesessen hatte, sah sich erschrocken an, ob es wohl recht gehört habe.
Aus dem Herunterholen des Transportbauers machte der Wölfische einen Kraftakt, bei dem er alle Muskeln spielen ließ. Er stieg mit den Füßen auf die gegenüberliegende Bank, und die Mama mußte ihn an der Wade festhalten. Endlich hatte er das Bauer unten und überreichte es mir mit einem pompösen Schwung:
»Da, mein Junge, jetzt kannst du dir deinen kleinen Freund selbst herausholen!«
Jeder Ton, den er sagte, klang mir falsch im Ohr, aber um Jakobs willen sagte ich sehr höflich: »Ich danke Ihnen auch schön!«
»Netter Bub!« sagte der Mann zur Mama.
Bub!
Die Befreiung Jakobs aus dem Gefängnis war gar nicht so einfach, denn ich hatte ihn mit dem Kopf zuerst hin-

eingepfercht, und umdrehen konnte er sich wie gesagt nicht. Ich versuchte ihn vorsichtig am Schwanz herauszuziehen, aber er begriff nicht, daß dieses Manöver seiner Befreiung dienen sollte, und tobte so, daß ich fürchtete, er bekäme einen Herzschlag. Der Wölfische holte darauf ein mit zahlreichen Klingen versehenes Taschenmesser hervor, das an einer Kette hing und mit Silber belegt war. Er hakte es ab, ließ die große Klinge aufschnappen und erklärte, er werde nunmehr die Gitterstäbe durchschneiden. Als er es versuchte, hackte ihm Jakob in den Finger, und er steckte den Finger mit einem sehr bösen Gesicht in den Mund.

»Vielleicht – hm – wenn man den Boden des Käfigs öffnete?« sagte der männliche Teil des scheuen Paares. Er hatte vorstehende Zähne und lispelte etwas. Die Frau neben ihm sah blaß und schüchtern aus wie er und drängte sich an ihn, als wolle sie jemand rauben.

Das war es! Der Boden war nämlich herauszuschieben, schon wegen der Reinigung. Ich schob. Jakob fiel zu seinem eigenen größten Erstaunen heraus und saß ein paar Sekunden dünn und erschrocken zwischen Apfelsinenschalen und Zigarettenstummeln auf dem Boden des Abteils. Alle zogen die Füße ein. Ich griff ihn, holte ihn an meine Brust, streichelte ihn und flüsterte ihm ins Ohr, bis er sich beruhigte, die Tolle sträubte und schließlich ganz normal auf meinem Finger saß. Nun fanden ihn alle »süß« und wollten wissen, was er fräße. Der Wölfische hielt ihm mit Heldenmut trotz der schlechten Erfahrungen die Hand hin und erklärte mit einem tiefen Blick in die Augen der Mama, man dürfe Tieren und Menschen gegenüber niemals Angst haben. Jakob sah sich den fremden, dicken Finger zurückhaltend an, hackte einmal unverbindlich gegen den klotzigen Siegelring, der den Finger zierte wie eine Zigarrenbauchbinde, stieg dann aber schließlich über.

»Na, bitte!« sagte der Wölfische und sah sich triumphie-

rend um. Jakob schien das als Aufforderung zu betrachten, turnte den Ärmel aufwärts und setzte sich dem Kerl auf die Schulter. »Kakao!« verkündete er von dort aus und ließ etwas auf die Schulter fallen.
Ich erschrak. Die Mama hob entsetzt die Hand vor den Mund, aber niemand sonst sagte etwas. Alles grinste nur. Offenbar hatten sie den Wölfischen nicht gern.
Er blitzte, ohne von seiner Bekleckerung etwas zu ahnen, die Mama mit seinen weiß gewienerten Reklamezähnen an: »Keine Angst, gnädige Frau!«
Vorsichtig führte er die Hand gegen die linke Schulter. Wenn er jetzt in den Klecks faßt, ist es aus! dachte ich. Er tat es aber nicht, Jakob stieg jedoch auch nicht auf seinen Finger, sondern sah ihn sich mißbilligend mit schiefem Kopf an und machte statt dessen einen Hupf auf den Strohhut der dicken Frau, wo er umgehend begann, die künstlichen Kirschen abzumontieren. Die Frau saß schreckerstarrt unter dem Gehämmer in ihrem Obergeschoß und machte Augen wie Setzeier. Der Wölfische, der Mama fröhlich-boshaft zuzwinkerte, sprang galant auf und griff nach Jakob: »Nein, so haben wir nicht gewettet, mein Junge – gestatten, gnädige Frau ...«
Die Dicke wogte mit dem Busen und sah ihn dankbar an. Jakob aber ließ sich nicht greifen, sondern produzierte einen kleinen Klecks auf den Strohhut, umsegelte den Störenfried mit einer eleganten Kurve und landete auf dem Knie des schlafenden Herrn mit dem Pincenez.
Dieses Pincenez hing an einer schwarzen Gummischnur und erregte alsbald Jakobs Aufmerksamkeit. Zunächst entdeckte er, daß man sich in den Gläsern spiegeln konnte. Er sah erst mit dem einen, dann mit dem anderen Auge hinein, breitete dann die Flügel aus und vollführte vor seinem Ebenbild einen kleinen, rührenden Tanz. Mir kamen die Tränen, und die ganze Einsamkeit des kleinen Gesellen wurde mir plötzlich klar, den das Schicksal für immer der Gesellschaft seiner Brüder beraubt hatte.

Das übrige Abteil hielt den Atem an und schien offensichtlich ebenfalls gerührt.
Der sentimentale Augenblick jedoch ging schnell vorüber, denn Jakob hatte den Spiegeltanz bald satt und versuchte nun, unter atemloser Anteilnahme des ganzen Kupees, den Kneifer abzureißen. Er packte den auf dem sanft atmenden Bauch liegenden Apparat und zog die Gummischnur, auf dem Schenkel rückwärts schreitend, aus Leibeskräften in die Länge. Auf diese Weise kam er schließlich bis ans Knie und geriet ins Rutschen. Erschrocken ließ er die Schnur los, die nun mit dem Kneifer dem Schnarchenden wie ein Geschoß direkt an die Nase flog. Das Schnarchen verstummte, der alte Herr öffnete die Augen, sah den schwarzen Teufel auf seinem Knie, schüttelte den Kopf und schloß gleich wieder die Augen. Ich konnte mir denken, was er dachte. Ungefähr: Komisch, was man so für ungereimtes Zeug zusammenträumt – sitzt einem plötzlich eine Krähe auf dem Knie! Wahrscheinlich zu fett gefrühstückt! Er warf sich mit einem so gewaltigen Schnarcher auf die Seite, daß Jakob erschrocken aufflatterte und schließlich auf dem Griff der Notbremse über der Eingangstür landete.
Im gleichen Augenblick schnarrte die Tür auf, und der Kontrolleur wurde sichtbar, eine wagnerische Erscheinung mit rötlichem Vollbart, strengen blauen Augen und einer noch blaueren, steifen Mütze. Er hatte wie ein Feldwebel ein schwarzes Buch zwischen den Knöpfen seiner Uniform stecken, außerdem ringelte sich eine Pfeifenschnur auf seiner Brust.
»Die Fahrkarten!« donnerte er in einem Ton, als betrete er eine Schaluppe voller Seeräuber mit der Pistole in der Faust. Ebensogut hätte er »Hände hoch!« brüllen können. Ich blickte zu ihm auf wie zum Donnergott Thor. Die anderen betrachteten ihn teils eingeschüchtert, teils giftig und begannen in ihren Koffern, Hosentaschen, Manteltaschen, Brilleneetuis und Frühstückspaketen nach

den Fahrkarten zu suchen. Die meisten fanden sie zunächst nicht. Das ganze Abteil füllte sich mehr und mehr mit Panik. In diesem Augenblick machte Jakob dem Donnergott von oben herab auf die Dienstmütze. Es schien mir ein besonders ausgedehnter Klecks zu sein, zu dessen Abwurf er in die Kniebeuge ging und ihm mit schiefem Kopf aus seiner Notbremsen-Schaukel wohlgefällig nachsah. Mamas Hand krallte sich in meinen Ärmel. Aber der Wölfische, mit dem ihm unbewußten Klecks auf der Schulter, wieherte los, und das ganze Abteil stimmte erlöst ein. Die Majestät des Kontrolleurs fiel zusammen wie eine angestochene Gummiblase. Er sah verwirrt um sich, wurde rot, machte hastig seine Blaustiftstriche (von unten her aus der Faust heraus) auf die Fahrkarten und verschwand, die Tür heftig hinter sich zuknallend.

Jakob reagierte darauf mit einem Raketenstart in meine Richtung, so daß ich ihn endlich wieder zu fassen bekam und unter meine Jacke verstauen konnte.

Der Wölfische, dessen männliche Aura einen Augenblick durch die Majestät des kontrollierenden Donnergottes überschattet worden war, konnte sich vor Fröhlichkeit nicht lassen. »Nein – so was, nicht wahr, gnädige Frau – so ein aufgeblasener Kraftprotz – und rennt herum mit diesem Klecks – ohne es zu ahnen! Es gibt doch nichts Komischeres als unbewußte Lächerlichkeit!«

Worauf der männliche Teil des Turteltaubenpaares in der Ecke ein Lachen anfing, das mit einem dünnen Winseln begann und immer lauter in immer breiteren Kaskaden losbrüllte, bis es das ganze Abteil in seinen Strudel zog, so daß sie schließlich unisono wieherten, bis sie nur keuchend mit offenen Mündern dasaßen. Der Wölfische, der im ersten Teil dieser Lachsymphonie noch mitgewirkt hatte, sah schließlich etwas verwirrt um sich. Endlich stieß ihn die Dicke mit dem Klecks auf dem Hut an und keuchte, während ihre Busenfülle auf- und niederstieg:

»Wir – lachen doch bloß so – weil Sie selber – auf der Schulter –«
Der Wölfische faßte hin, sah sich dann seinen Finger an, roch an ihm, nahm sein Taschentuch aus der Brusttasche, wischte ihn ab, zog eine Zeitung vor und blieb dahinter verschwunden. Ich fürchtete ständig, er würde der Dikken etwas wegen ihres Hutes sagen, er tat es aber nicht.
»Sperr ihn wieder ein!« zischte mir die Mama aus dem Mundwinkel zu.
»Bloß wegen dem blöden Kerl?« flüsterte ich zurück.
Sie hielt mir entsetzt den Mund zu: »Wenn du ihn jetzt nicht sofort einsperrst –«
Ich hatte sie selten so wütend gesehen. Aber ich kämpfte ja schließlich für meinen Jakob, nicht wahr? So holte ich das Bauer unter meinem Sitz vor, nahm es in die eine Hand, preßte Jakob, der beim Anblick des Marterinstruments in das Innerste meiner Jacke kroch, mit der anderen Hand an mich:
»Ich geh erst mal auf die Toilette. Ängstige dich nicht, es dauert 'ne Weile!«
Und raus war ich, ehe sie etwas sagen konnte.
Im Gang standen eine Menge Leute, die aus den Fenstern sahen. Auch Koffer standen herum, und die Bewegung des rasch fahrenden Zuges schleuderte mich hin und her, weil ich mich mit vollen Händen ja nicht festhalten konnte. Außerdem schienen sich alle Leute verabredet zu haben, gleichzeitig auf die Toilette zu gehen. Ich wankte durch den Zug, hin und zurück. Entweder war überall besetzt, oder es ging gerade einer rauf.
Endlich beschloß ich zu warten, und zwar zweiter Klasse, weil dort weniger Leute waren. Ich stellte den Käfig neben mich und sprach Jakob tröstend zu: »Du kommst nich in den ollen Kasten. Wir riegeln uns ein und spielen.«
Daraufhin begann er sich aus meiner Jacke herauszuwinden.
Neben mir stand ein älterer Junge mit Pickeln im Gesicht.

Er hatte bisher ab und zu aus dem halb heruntergelassenen Fenster gespuckt. Nun drehte er sich, als ich ihm erstaunt zusah, um.
»Willste auch mal spucken? Ich heb dich hoch!«
»Danke, nein. Warum spuckste denn?«
»Vielleicht fliegt's in 'n andres Fenster wieder rein, und dann wissen se nich, wo's herkommt. Schick, was?«
»Find ich nich!« erklärte ich. Ein widerlicher Kerl!
Jetzt sah er Jakobs Kopf: »Mensch – was hast 'n da? 'ne Krähe?«
»Eine Dohle!«
»Au – gib mal her, die schmeiß'n wir aus 'm Fenster!«
Ich kroch gegen die Wand. In diesem Augenblick wurde die Toilette frei. Ein Weib natürlich! Sie rauschte an uns vorüber wie eine Königin, und hinter ihr roch es nach Parfüm. Ich schnell hinein. Hebel runter. Endlich!
Ich klappte den Deckel herunter und setzte mich zunächst mal auf den geschlossenen Thron, nahm Jakob heraus und seufzte tief erleichtert. Das kleine Kabinett enthielt außer dem Thron eine Waschschüssel und darüber ein Schränkchen. Darin gab es kleine, frisch gewaschene Handtücher mit kleinen grünen und roten Seifenstückchen. Sie kosteten nichts, und man konnte ein ganzes Dutzend davon nehmen, ohne daß einem einer was sagte. Opapa brachte auch solche Seifenstückchen von den Dienstreisen mit. Die bekam dann Valeska in die Küche.
Ich betrachtete mein kleines Reich voll Zärtlichkeit. Jakob schien weniger damit einverstanden, vielleicht weil man hier aus irgendwelchen Gründen das Schwingen und Stampfen des Zuges und das Rollen und Rattern der Räder besonders stark empfand. Er saß dünn und mit halb gelüfteten Flügeln auf meinem Knie und machte den Eindruck, als wolle er jeden Augenblick gegen die Decke steigen.
Rattata-Rattata – machte der Zug. Jemand drückte von außen die Klinke nieder, murmelte etwas Ärgerliches

und ging wieder weg. Ich sah mich ratlos um. Neben mir war ein Schild: Die Toilette darf nicht benutzt werden, solange der Zug hält. Und darunter die Rolle mit dem Papier. Das war was für Jakob! Ich rollte einen guten Meter ab und rollte ihn wieder auf. Nachdem ich es dreimal getan, wurde er aufmerksam, legte die Flügel an, hupfte auf mein anderes Knie und begann an dem Papier zu ziehen. Er riß ein Blatt ab und zerrupfte es. Dann holte er sich das nächste. Ich riskierte es, ihn vom Knie herunter- und auf den Thron zu setzen. Dort konnte er allein weitermachen. Er tat es und arbeitete wie im Akkord. Na, also!

Ich stand auf, pfiff und sah mich besitzerisch um. Jemand rüttelte an der Tür. Sollte er!

Aus lauter Langeweile kam ich schließlich sogar darauf, die Hände zu waschen. Es gab dazu fließendes, warmes Wasser, für mich von besonderer Qualität, da es, wie ich annahm, aus der Lokomotive kam. Ich steckte drei Stück Seife in meine Hosentasche, wusch mich mit einem vierten und trocknete mir jede Hand mit einem anderen Handtuch ab, das ich dann mit lässiger Grandezza in den dafür bestimmten Drahtkorb warf. Neben mir schnurrte die Rolle, Jakob, eingewickelt in Toilettepapier, kämpfte vor Wonne krähend mit wilden Schnabelhieben. Die Fetzen schaukelten in dem leichten Luftzug, der durch die Fensterritze fegte. Es war wie im Schneegestöber, nur nicht so kalt. Wir waren glücklich.

Jetzt rüttelte man wieder an der Tür, und draußen war ein dumpfes Gebrabbel.

»Wer ist denn hier?« fragte eine tiefe, autoritätgeladene Männerstimme.

»Besetzt!« antwortete ich, meine Stimme so tief wie möglich machend.

»Armleuchter!« schrie Jakob voller Wonne.

Draußen hörte ich den pickligen Lümmel petzen: »Da is so 'n Kleener drauf, mit 'ner Krähe!«

»Mit was?« fragte die tiefe Stimme.
Ich knöpfte mir schnell die Hosen ab und setzte mich hin..
»Mach auf, du Kleiner da drin!« dröhnte die Bärenstimme.
»Kann noch nich, bin noch nich fertig!« Was machte ich um Gottes willen mit Jakob? Er hampelte auf dem Rand vom Waschbecken und versuchte die Tropfen abzufangen, die aus dem Hahn quollen. Er hatte Durst, der arme Kerl. Da quietschten plötzlich die Bremsen, Jakob kugelte vom Waschbecken und flatterte auf meine Schulter, die Bewegung des Zuges wurde langsamer. Große Schatten glitten draußen vor der Milchglasscheibe vorbei. Stimmen: »Gepäckträger – Gepäckträger –« Jetzt hielten wir: eine Station!
Im gleichen Augenblick sah ich voller Entsetzen, wie sich der Riegel an der Tür hob. Man schloß von außen auf!
Ich sprang auf, versuchte mit der einen Hand das Hemd in die Hose zu stecken und mit der anderen die Tür zuzuhalten. Vergebens, sie ging auf. Davor ragte der Turmbau des Kontrolleurs, sein roter Bart schien sich zu sträuben, seine Augen funkelten satanisch unter der Dienstmütze.
»Was machst du eigentlich hier?« fragte er. Und mit einem Blick in das Papiergestöber: »Na, das sieht ja schön aus! Und was ist das denn? Was soll die Krähe?«
Hinter ihm ein Bündel von Gesichtern, dazwischen die schadenfrohe Fratze des Pickligen.
»Es ist keine Krähe«, sagte ich, dem Weinen nahe, »Jakob heißt er. Er ist ganz zahm und tut niemandem was!«
(Wenn man jetzt noch die Seife in meiner Tasche fand, wurde ich bestimmt erschossen. Abgesehen von dem Klecks, den der Riese sicher noch auf seiner Mütze hatte!)
»Soso!« sagte er jetzt und strich sich den Bart.
»Ich will zu meiner Mama!« erklärte ich.

Der Riese streckte die Hand aus: »Na, denn komm mal mit!«
Ich bückte mich: »Können Sie solange Jakobs Bauer nehmen, bitte schön?«
»Na, meinetwegen!« Es verschwand fast in seiner Riesentatze.
»Das Bauer ist nämlich für Jakob zu klein«, haspelte ich atemlos, während ich in seinem Schlepptau durch das Gewühl des Ein- und Aussteigens gezerrt wurde, »und der Jakob ängstigt sich so drin. Er ist nämlich immer frei rumgelaufen, und zu Hause darf ich ihn auch frei laufen lassen – und er macht sich den Schwanz und die Flügel kaputt, weil er zu klein ist –«
Während der ganzen Zeit sah ich mich verzweifelt um, ob ich mich nicht irgendwie losreißen und woanders verstecken könnte. Aber dieses Ungeheuer würde mich überall aufstöbern.
Jetzt mußten wir einen Moment halten, weil ein Koffer den Weg sperrte. Der Zug fuhr langsam wieder an. Der Riese drehte sich zu mir um: »Du hast ihn wohl sehr lieb, deinen Jakob?«
»Furchtbar lieb!« Nanu? Was war denn das? Der sah ja plötzlich ganz freundlich aus! In diesem Augenblick kam die Mama. Sie blieb mit ausgebreiteten Armen jenseits des Koffers stehen: »Ja, wo bist du denn? Ich suche dich überall und bin schon halb wahnsinnig!« (Mütter sind manchmal wie Hühner!)
Der Koffer wurde vom Gang weg in das Innere des Abteils gezogen. Die Mama stürzte sich auf mich: »Jetzt sperrst du ihn aber sofort wieder ein und kommst mit! Ich danke Ihnen, Herr Kondukteur!« Sie wühlte in ihrer Handtasche, nahm ein silbernes Geldstück heraus – ein silbernes, eine ganze Mark! – und steckte das dem Kondukteur zu. Der nahm den Käfig in die linke Hand und salutierte. Dann sah er mich einen Augenblick überlegend an und wandte sich zu meiner Mutter: »Der Kleine

kann sich ja ins Dienstabteil setzen. Wenn er dort den Vogel unter Aufsicht hält, braucht er ihn nicht einzusperren!«
Ich starrte ihn an: »Ach, lieber Herr Kondukteur!« konnte ich nur sagen.
»Na, also, geh ins Dienstabteil!« meinte die Mama, »aber komm mir nicht an die Tür. Ich werde ab und zu nachsehen.«
Ich holte schnell Jakobs Lappen und trappelte hinter dem Riesen her. Dienstabteil! Es war eng, und man saß mit dem Gesicht direkt vor einer Wand, aber es flößte mir solche Ehrfurcht ein, daß ich mich kaum hinzusetzen wagte. Ab und zu sah der Kondukteur herein und ab und zu die Mama, und später kam einer von der Eisenbahn, der aber eine einfachere Uniform hatte und eine Wurstschnitte auspackte. Von der Wurst gab er Jakob was ab.
Dann wurde ich von all der Aufregung ganz furchtbar müde, aber ich hielt mich künstlich wach, damit ich nicht einschlief und man Jakob inzwischen einsperrte.
Schließlich – gegen Abend – kamen wir an. Auf dem Bahnsteig brannten schon die Lichter. Mama holte mich und nahm den Käfig. Ich gab dem Kondukteur die Hand und machte einen Diener:
»Schönen Dank, lieber Onkel Kondukteur! Und – und – Sie haben einen Klecks von Jakob auf der Mütze.«
»Nanu!« sagte er und nahm die Mütze ab.
»Ich will es schnell abwischen!« erbot ich mich.
»Nein, laß mal – das mache ich schon – aber wie –«
Mama zog mich schnell weg, denn der Zug kam schon zum Stehen. Der gute Riese blieb hinter uns, ratlos auf die Mütze starrend –

Rolf

Voriges Jahr, im tiefen Herbst, kam ich in das Hotel in Waldhausen. Die Bäume, weißt du, waren wie lodernde Flammen in der klaren Morgensonne, und unter sich hatten sie bunte Teppiche von Blättern gebreitet. Von den Häuptern der Dreitausender fraßen sich die weißen Ströme frischen Schnees jeden Tag tiefer ins Tal, und am Morgen lag dicker Reif über allen Wiesen. Aber die Luft war klar, und es waren jene unbeschreiblichen Tage des Ausklanges, die im Gebirge wolkenlosen Himmel bringen, den durchsichtigen Himmel des Indianersommers – Die Wirtsleute kannte ich schon von früher, als ich noch unverheiratet war. Als ich sie in der Halle begrüßte, kam plötzlich ein Wolfshund auf mich zu, von einer Schönheit, daß mir der Atem stockte. Löwengolden der Grundton des Felles, kohlschwarz die Decke darauf. Aus den Winkeln der großen, glänzenden Augen, zu den prachtvoll emporgereckten Ohren herüber, liefen zwei rauchschwarze Streifen, als trage er eine lustige Maske vor dem Gesicht. Die gewaltigen Reißzähne schneeweiß, der blutrote Zungenlappen seitwärts heraushängend, die Lefzen schwarz eingefaßt, schwarz auch die Unterseite des Kiefers, breit und mächtig die Brust, tief der Bug, die Beine lang und nervig, die Hüften schmal.
Ich kniete nieder und strich ihm über den Kopf. »Wie heißt er?«

»Rolf. Bitte Vorsicht, Fremden gegenüber ist er unberechenbar.«
Das Tier hatte sich meine Liebkosung, offenbar in der ersten Überraschung, gefallen lassen, jetzt aber übertrug sich die durch Warnung erzeugte Unsicherheit meiner Hand auf ihn, er zog die Lefzen hoch und stieß ein dumpfes Knurren aus. Ich konnte noch gerade die Hand zurückziehen, einen Zentimeter hinter meinen Fingerspitzen schlugen die Zähne mit hölzernem Klappen zu.
Von diesem Augenblick an erwachte in mir der sportliche Ehrgeiz, die Liebe Rolfs zu gewinnen. Wenn ich ihn richtig taxiert hatte, würde er trotz des Schnappens meine erste Liebkosung nicht vergessen haben. Am besten war es, so zu tun, als beachte man ihn gar nicht. Ich setzte mich zum Abendessen nieder in dem kleinen Extrazimmer mit der Eichentäfelung und den alten Zinnkrügen. Durch die Glastür sah ich ihn kommen. Er blickte hindurch, stellte die Ohren auf, dann richtete er sich hoch, drückte die Klinke nieder, kam auf mich zu und stellte sich neben mich. Ich fühlte seine großen Augen auf mir, aß aber ruhig weiter und studierte anscheinend das Lokalblättchen. Plötzlich wurde mein Ellbogen mit einem Ruck hochgeworfen. Eine lange Schnauze schob sich zwischen Arm und Lehne, wich dann wieder zurück. Ich wandte mich ihm zu und mußte lachen.
»Na, du Lump, willst du mich wieder beißen?«
Tiefe Verbeugung vorn, in der er ein paar Sekunden verharrte. Dann sank er auf der Hinterhand zusammen, während der buschige Schweif den Teppich fegte.
»So?« sagte ich, »wollen wir uns also vertragen? Dann komm mal her!«
Ich rückte den Sessel auf die Seite und klopfte auf meine Knie. Er stand auf und vollführte die erste Zeremonie der Freundschaft zwischen Hund und Mensch, das heißt: er beroch genau mein Gesicht. Dann strich ich ihm langsam über den Kopf und tastete mich gerade den Rücken

hinab, als ich bemerkte, daß sich seine Lefzen wieder eine Spur hoben. Also war die Sache immer noch nicht ganz geheuer –!

Sofort rückte ich meinen Sessel wieder herum und aß weiter. Rolf sah mich einen Moment mit schiefem Kopf an, dann ging er unter den Tisch. Ein Plumps, ich fühlte ein schweres Gewicht auf meinen Füßen und wußte: nun hatte ich die Schlacht gewonnen! Das wurde zur Gewißheit, als noch ein paar späte Gäste kamen und sich am gegenüberliegenden Tisch niederließen. Rolfs Kopf kam unter dem Tischtuch hervor, er fletschte die Zähne und grollte leise. Zwischendurch sah er mich an: »Merkst du, daß ich dich verteidige?«

Ich wußte, jetzt durfte ich alles riskieren, auch schon ein bißchen Strenge.

»Ist gut«, sagte ich, »sei brav, gib nicht so an!« Dabei griff ich unter den Tisch, zog ihn am Halsband zurück und gab ihm einen leichten Klaps auf die Hinterkeulen, worauf er sich selig auf den Bauch rollte und sich ausführlich von mir kraulen ließ. Nach dem Essen brachte er mich noch die Treppe hinauf bis vor mein Zimmer. Dort hielt er zögernd inne, dann aber drehte er langsam um und stieg die Treppe wieder hinab.

Sosehr ich mir die paar Tage der Ausspannung gewünscht hatte, war doch ursprünglich ein Widerstreben in mir gewesen: ich hatte mich vor dem völligen Alleinsein unter fremden Menschen gefürchtet. Dieses Unbehagen hatte sich verstärkt, als ich bemerkte, daß ich um diese späte Jahreszeit der einzige Gast des Hauses war. Jetzt aber schlief ich selig ein, und das letzte, was ich vor mir sah, waren zwei aufgerichtete Wolfsohren und ein großer lachender Rachen –

Als ich mich am nächsten Morgen rasierte, pfiff ich zum ersten Male seit längerer Zeit. Halb eingeseift trabte ich zum Fenster: der See wurde gerade für den Tagesbetrieb geöffnet; die dicken weißen Tücher des Morgennebels wurden wie von unsichtbarer Hand weggezogen und zunächst mal den Bergen über die Schultern gelegt. Langsam lösten sie sich dort oben auf und schwebten in einzelnen kleinen Flocken dem Himmel zu, wo ihre Brüder und Schwestern sich in großen Geschwadern zur Fahrt mit unbekannten Zielen sammelten. Eine einzelne spitze Sonnenlanze stieß durch das Wolkenheer und riß einen goldenen Strich quer über den See...

Es kratzte an der Tür. Als ich öffnete, stand Rolf davor und lachte mich an.

»Komm doch rein!« sagte ich. Er folgte ohne Zögern und wirkte in dem kleinen Raum überwältigend. Zunächst beschnupperte er das noch warme Bett und meine Pyjamajacke. Ein Stück halbvertrockneten Kuchens, das auf dem Tische lag, wurde nur gleichgültig notiert. Schließlich waren wir ja ein verwöhnter Hotelhund und nicht auf alten Kuchen angewiesen –. Nun schob er mit der Pfote die Balkontür auf und sah mit schiefgelegtem Kopf hinunter auf die Straße. Dann kam er zurück, warf sich dröhnend vor mir auf den Rücken und wischte sich mit der Pfote über das Auge.

Pflichtschuldigst brach ich in tiefes Bedauern aus. »Ach, du armer Kerl! Komm her, Herrchen macht dir's sauber!«

Während ich ihn vorsichtig mit einer Papierserviette bearbeitete, leckte er mir die Brust. Übrigens waren die Augen sehr schön ausgewischt, und daß das Ganze nur Liebehascherei war, merkte ich, als ich mich aufrichtete, denn er blieb ruhig liegen und wischte nunmehr mit der anderen Pfote über das zweite Auge.

»Du, höre mal!«, sagte ich, »du kannst dir's aussuchen: entweder treiben wir hier weiter Schönheitspflege, oder wir gehen zusammen Gassi!«

Bei »Gassi« war er sofort hoch, legte mir die Pfoten auf die Schultern und wedelte mit der mächtigen Rute meine mühsam geordneten Manuskripte vom Stuhl. Während ich sie aufhob, packte er meinen Arm mit den Zähnen und hielt ihn fest. Der Griff war ganz zart, aber man merkte sehr deutlich, was dahinter hätte sein können, und ich wollte nicht, daß er zudrückte.

»So«, sagte ich streng, »jetzt setzen wir uns mal ganz schön hin und warten, bis Herrchen fertig ist!«

Sofort legte er sich neben dem Koffer hin, legte den Kopf schräg auf die Pfoten und folgte jeder meiner Bewegungen mit den Augen. Als ich fertig war und auf die Klinke drückte, war er neben mir. Beim Frühstück lag er zu meinen Füßen. Als sein Herrchen, der Hotelbesitzer, sich zu mir setzte, wurde er angeknurrt.

Der Hotelier lachte. »Da haben Sie eine schnelle Eroberung gemacht!« Und dann zu Rolf: »Du bist wohl verrückt, dein Herrle anzuknurren?« Rolf leckte ihm verlegen die Hand, drückte sich dann aber wieder gegen meine Beine.

Nachher standen wir hinter dem Haus. Vor uns Wiesen mit braunweißen Kühen darauf, dahinter stiegen die Berge an, von zottigen, dunkelgrünen Mänteln umhüllt. Oben heraus, gegen den Himmel stoßend, die steilen, zerrissenen Felstürme, Schneetupfen in den Mulden, wehende Wolkenschleier an den obersten Schroffen hängend. Ich setzte mich in Bewegung. Schritt für Schritt ging es höher. Die Nagelschuhe knirschten auf dem Stein, das Herz pumpte, der Schweiß floß, aber das Gehirn war frisch durchgeblasen und alle Sinne wach.

Der Weg wand sich hin und her und kreuzte immer wieder den Gebirgsbach, der zu Tale gluckerte und überall Miniaturwasserfälle bildete. Die Bäume wurden immer niedriger. Abenteuerlich zerzaust und mißgestalt klammerten sie sich an die Felsen und bohrten ihre Wurzeln in die Spalten, die mit schwarzer Erde gefüllt waren. Farne, Blaubeersträucher, Glockenblumen und Zittergras – alles wuchs noch wild durcheinander. Der See wurde langsam kleiner, die Häuser spielzeugklein, Glocken

tönten leise herauf, ein Falke schoß über den Weg und verschwand im Wald.
Rolf stöberte herum. Ich sah Rute oder Kopf bald hier bald dort zwischen den hohen Farnen auftauchen, aber niemals entfernte er sich weit, und sobald ich pfiff, war er in wenigen Sekunden neben mir. Er verfiel dann in einen gemächlichen Wolfstrab, sah mich von der Seite fragend an, lachte, küßte mir die Hand und setzte dann erneut seine Suche fort ...
Schließlich mußte ich einen Augenblick pausieren. Ich setzte mich auf den Felsen. Ein wackliges Holzgeländer trennte mich von dem Abgrund: unten der See, stahlblau unter dickbauchigen Wolkenschiffen. Sofort war auch Rolf da, pitschnaß, denn er war weiter oben am Berg durch den Bach gewatet und hatte den langen Kopf hinter einer Forelle hergestoßen, die wie ein Lichtpfeil durchs Wasser geschnellt und unter einem Uferstein verschwunden war. Er jappte. Auf der Zunge lag weißer Schaum, seine Augen wanderten aufmerksam hin und her, und seine Ohren spielten, auf jeden Laut des morgendlichen Waldes lauschend.
Wir genossen die Zweisamkeit. Ich nahm einen seiner langen, nervigen Läufe in die Hand und streichelte ihn.
»Rolf«, sagte ich, »ich bin sterblich in dich verliebt, weißt du das, du Lümmel? Und ich wollte immer so einen großen, starken Kerl wie dich! Statt dessen bekam ich den Puck, der ist jetzt im Himmel, wo du hoffentlich noch lange nicht hinkommst, obwohl es dort von Hasen und Katzen wimmelt und einem die Würste ins Maul wachsen! Und dann bekam ich drei kleine Hunde, den Cocki, den schwarzen Peter und den weißen Fox Weffi, der nach Brathuhn riecht und den wir auch »das Holzpferdchen« nennen. Die habe ich auch sehr lieb, weißt du, denn zwischen euch und mir ist alles klar. Man muß sich nicht verstellen, man kann sich ganz so geben, wie man ist, und es wird einem nichts geschehen, niemals muß man auf der

Hut sein – Ach, was muß ich dir das alles so genau sagen, du weißt schon, was ich meine, nicht wahr?«
Seine klugen Augen ließen mich nicht los, es war, als habe er jedes meiner Worte verstanden. Sein Atem ging stärker, er stand auf, reckte sich und hob mit der Schnauze meinen Arm hoch.
»Natürlich, du hast recht, gehen wir jetzt!«
Immer weiter stiegen wir bergauf, bis der Weg dort endete, wo der Gießbach aus einer kleinen Grotte dem Felsen entquillt. Es war eine komplette Freischütz-Szenerie. Lawinengewalt hatte ringsherum den Wald zerbrochen und seine Trümmer zwischen die Riesenblöcke des Bachbettes gefegt. Dort lagen ihre Skelette, abenteuerlich verkrümmt. Manche ruhten feuchtschwarz faulend im Wasser, andere ragten – weißverdorrte Schlangenarme – in den Himmel. Nur das Pfeifen des Windes war um uns und das leise Geräusch des Wassers, das unablässig aus dem Boden sickerte...
Hier ließ ich mich endgültig nieder, packte mein Frühstück aus, fotografierte und folgte mit dem Fernglas den Bussarden, die sich im Wirbel der Höhenluft mit ausgebreiteten Schwingen treiben ließen. Ihr Katzenmiauen hallte von den schroffen, kahlen Felsen wider. Ich fühlte, wie das Fieber der Stadt und des Kampfes mit den Menschen von mir abfiel und wie darunter das Geschöpf zum Vorschein kam, das Naturwesen, das aus Erde ist und Meerwasser in sich trägt und das wieder zu den Elementen heimkehren wird, wenn seine Zeit erfüllt ist –
Die Sonne fingerte durch die Schlucht, die morgenfeuchten Leiber der Berge bekamen einen blauen Schimmer, und im Bach blitzten die Diamanten. Eine gelblichweiße Schnecke kroch durch die Farne, und rotschwarze Totengräberkäfer zerrten die Leiche eines Insektes an meinen Füßen vorbei. Rolf stöberte eine Weile herum, dann legte er sich neben mich, drückte den Kopf auf meinen Schoß. Ich kraulte ihn zwischen den Ohren, zog ihn sanft

an seinen langen Barthaaren, hob seine Lippe hoch und bewunderte die mächtigen Fangzähne. So ruhten wir, und die Zeit zerbrach –

Sehr widerwillig stand ich endlich auf. Die Uhr mahnte mich zur Heimkehr. Was für ein Unsinn, dachte ich wieder, warum läßt man sich von diesem winzigen weißen Zifferblatt terrorisieren?

Heimwärts nahmen wir einen anderen Weg. Die Steine waren glatt, ich rutschte aus, verknackste mir den Knöchel, landete auf den Händen und stieß unwillkürlich einen Schmerzenslaut aus. Sofort war Rolf wieder bei mir, und während ich, anfangs hinkend, weiter talwärts stieg, wich er nicht mehr von meiner Seite und drängte sich ganz an mich heran, und immer wieder sah er mich forschend an: kann ich dir helfen? Hab keine Angst, ich bleibe bei dir!

Erst unten auf der Wiese wurde er wieder lebendig. Offenbar hatte er das Gefühl, daß er etwas zu meiner Erheiterung beitragen müsse. Er stürzte sich auf einen riesigen Bullen, der abseits von den Kühen weidete, und umsprang ihn kläffend. Der Bulle nahm das ausgesprochen übel, senkte die Hörner und ging zum Angriff über. Das steigerte Rolfs Freude zum Delirium. Er machte sich einen Sport daraus, zehn Zentimeter vor der heranbrausenden, muskelgepanzerten Lokomotive zur Seite zu entwischen, sie dann zu umkreisen und nach ihrem Schwanz zu schnappen.

Zwischendurch kam er immer wieder zu mir gelaufen, sah mich mit leuchtenden Augen an: »Na, gefällt dir das? Habe ich das großartig gemacht?« Und dann war er schon wieder mit wilden Sprüngen um den Bullen herum, kaum daß ich mit der Kamera dem Spiel folgen konnte.

Schließlich pfiff ich. Er gehorchte sofort. Wir gingen wieder. Nun waren wir schon am See, der unter dem aufklarenden Wind blaugrün erstrahlte und kleine Wellen-

gebisse zeigte. Rolf stürzte sich in das herbstkalte Wasser, trank in durstigen Zügen, kam dann heraus und schüttelte sich, daß in dem aufsprühenden Naß für eine Sekunde ein winziger Regenbogen erschien.
Als ich mich nachher in meinem Zimmer für eine Stunde hinlegte, ruhte er vor meinem Bett. Zuerst leckte er sich eine Weile das Fell trocken, dann streckte er sich lang aus und begann seinen Traumschlaf mit zuckenden Pfoten und albernen, dünnen Bell-Lauten. Anscheinend kämpfte er im Schlaf mit dem Bullen weiter ...
Und so ging es all die Ferientage hindurch. In den zwei Nächten, die dem ersten Tage folgten, vernachlässigte Rolf sogar seine Wächterpflichten und schlief in meinem Zimmer. Als ich schließlich abfahren mußte, wagte ich nicht, mich von ihm zu verabschieden. Schnell trug ich den Koffer in den Wagen, als er für einen Augenblick nicht sichtbar war, gab Gas und fuhr los. Das letzte, was ich von Rolf sah, war, wie er mit gesenkter Nase einer Spur auf dem Hofe folgte, stehenblieb und zu meinem Fenster emporsah ...«

Muckelchen schnurrte und schnurrte ruhig seine Bahn. Da blinkte schon der See! Das Gebirge hatte eine schwere Felstatze mitten in seinen Spiegel gehauen. Von oben in Serpentinen herunterdrehend, sahen wir die Straße sich wie eine weiße Schnur um diese graue Steintatze herumwinden. Ganz hinten, beinahe an ihrem Ende, stieß schon der spitze Kirchturm hoch: Waldhausen!
Im Wageninnern herrschte Schweigen.
»Wolltest du etwas sagen?« fragte ich meine Gefährtin.
Sie hatte ihre Nase in Weffis Fell verborgen und starrte nachdenklich vor sich hin: »Nein ...«
»Möchtest du Rolf nicht kennenlernen?«
»Gewiß, ich möchte es gern«, kam es zögernd, »aber ich weiß nicht, ob es gut ist, daß du ihn wiedersiehst. Du kannst ihn ja doch nicht bekommen! Weffi, unser Herr-

chen betrügt uns, und dabei sind wir doch so ein süßes Fellpferdchen.«

Ich sah aus dem Augenwinkel, daß er den Hals nach Frauchen umdrehte, ihr einen Kuß gab und dann unruhig weiter an die Scheibe heranrückte. Die Augen waren ganz groß und scharf.

Gerade umrundeten wir die Kurve. Da lag schon das Hotel mit seinen bunten Fensterläden, ein gewaltiges, überhängendes Dach auf sich, geschnitzte Balkone um den behäbigen Bauch gegürtet. Durch die Einfahrt rollten wir in den Hof. Der Wagen hielt. Da stand Georg, der Hausdiener. Ich schüttelte ihm die Hand. Und dann kam auch schon Frau Oesterheld, die mollige Hoteliersfrau.

»Ich habe meinen Foxl hier«, sagte ich, als ich ihre Hand nahm, »aber ich habe ihn im Wagen eingesperrt vorläufig, damit Rolf ihn nicht ›auffrißt‹, denn man weiß ja nie bei ihm, wie er reagiert...«

Die Augen der Frau füllten sich mit Tränen: »Sie können Ihr Hundchen ruhig rauslassen, es ist nur noch Purzel, mein kleiner Rauhhaardackel, da.«

Etwas in mir erstarrte: »Sie haben Rolf weggegeben? War er doch zu scharf geworden?«

»Nein – niemals hätte ich ihn weggegeben, meinen Rolf, niemals! Sie haben ihn erschossen. Der Förster, oben im Walde. Angeblich hat er gewildert, aber das tun ja alle Hunde hier. Es war nichts als ein Racheakt gegen uns, er hatte einen alten Streit mit meinem Mann, und dafür mußte das arme Tier büßen...«

In meiner Kehle stieg es heiß hoch, und ich fragte schlukkend: »Um Gottes willen! Wann, wann war es?«

»Kurze Zeit, nachdem Sie weg waren – nur ein paar Wochen! Es war schon Schnee gefallen, ganz tief. Drei Nächte war er nicht nach Hause gekommen, jede Nacht gingen wir mit Sturmlichtern hinaus, mein Mann, Georg und ich. Der Schnee war so tief, daß wir bis über die Knie einsanken. Wir hörten ihn immer schreien in der Nacht, denn sie hatten ihn nicht mal totgeschossen, diese Verbrecher. Drei Tage und drei Nächte hat er sich gequält und geschrien, aber es ist in den Bergen fast unmöglich festzustellen, woher der Schall kommt. Erst am Morgen der dritten Nacht entdeckten wir eine Blutspur, ganz hoch oben, und dann erst fanden wir ihn. Viele Hunderte von Metern hatte er sich geschleppt, dorthin, wo der Bach entspringt. Sie werden die Stelle nicht kennen, es ist ein wildes, kleines Tal. Dort ist er oft hingelaufen, seitdem Sie weg waren, ich weiß nicht, warum. Und dort lag er – tot! Dort haben wir ihn auch begraben ...«

Ich wandte mich ab und würgte dann, mit einem Kloß in der Kehle: »Doch – doch, ich – wir kannten es – Rolf und ich ...«

Etwas sprang an mir hoch: Purzel, der Dackel. Mechanisch überließ ich ihm meine Hand. Und dann hatte auch Frauchen Weffi geholt, und die beiden Hunde spielten miteinander, während Frauchen mit Frau Oesterheld sprach. Aber all das sah und hörte ich wie durch eine dicke Glaswand: die Wiese hinter dem Hotel, jetzt in tausend Blumen, die Berge, dort oben – irgendwo – das Felsental mit dem Bach –

Mit der Deutlichkeit einer Vision sah ich jetzt Rolf, wie er sich durch die eisige Winternacht in letzter Todesnot dorthin schleppte, wo wir Seite an Seite geruht und über die Berge hinweg auf den See in der Tiefe geschaut hatten. Nun gab es wieder einen mehr, der drüben auf mich wartete –

Ein Herz und eine Seele

Ich weiß nicht, ob Sie auch schon erlebt haben, daß Ihnen der letzte Morgenschlummer Wahrnehmungen von fast visionärer Deutlichkeit bringt. Mitunter, wenn ich schon wach war und dann doch noch einmal eingeschlafen bin, höre ich zum Beispiel Geräusche, irgendein entferntes Geräusch im Haus oder auf der Straße. Aber ich höre es dröhnend laut, es brüllt mir mit Posaunenstärke ins Ohr, so daß ich erschrocken hochfahre. Nunmehr bei Bewußtsein, höre ich es immer noch, aber es ist nun ganz weit weg, kaum noch wahrnehmbar – was ist das?
Hat sich irgendeine, längst durch die Zivilisation ausgeschaltete Verstärkerbatterie in meinem Gehirn eingeschaltet, so daß ich für den Bruchteil einer Sekunde wieder mit der Schärfe des urzeitlichen Tiermenschen hören konnte? So wie meine Hunde, wenn ich mit ihnen unter der abendlichen Lampe sitze, manchmal plötzlich den Kopf heben und zu knurren beginnen, weil sie ein für mich völlig unhörbares Geräusch vernehmen, das Rascheln eines Igels draußen im Laub oder den meilenweit entfernten Ruf eines Gefährten?
Aber nicht nur Geräusche, auch Träume gewinnen um diese Morgenstunde atemberaubende Wirklichkeit. Neulich erst erlebte ich das. Ich hatte noch abends im Bett an der Ordnung meines Archivs gearbeitet und war darüber eingeschlafen. Als ich so gegen sechs Uhr morgens auf-

wachte, brannte die Lampe noch, und der Teppich vor meiner Couch lag voller Zeitungsausschnitte und Notizen. Ich gähnte und löschte das Licht, das gelb und tot im Strahlen der Morgensonne stand. Aber nebenan, in der Bibliothek, wurde es lebendig. Auch dort gähnte man, schniefte und nieste. Und dann erschien als erster mein Kleinpudel Peter, beäugte mich mit seinem schiefgeneigten Widderkopf voll glänzendschwarzer Korkenzieherlöckchen, war mit einem Satz auf meiner Decke, bohrte sich darunter und kringelte sich dann in meinen Kniekehlen zusammen. Ein wohliges Pusten und Schmatzen – dann war er wieder eingeschlafen. Gleich darauf erschien mit zerzaustem Kastenbart und zitternden Fellhosen der Drahthaarfoxl Weffi, beschnupperte mißbilligend die Zettelwirtschaft, enterte ebenfalls die Couch und ließ sich nach ausgiebigem Scharren und Drehen in meinem Rücken nieder. Es gab noch ein kleines, schlaftrunkenes Knurren, weil sich seine Hinterbeine in die Nähe von Peterchens Kopf verirrten, aber bald darauf verkündete ein gewaltiger Schnarcher, daß auch er in das Hundetraumland übergesiedelt war, wo man alle Hasen kriegt, die man jagt, und wo alle Sterne voller Würste und Schokoladentafeln hängen. Bald begannen dann meine beiden Hunde im Schlaf zu wachsen. Wie die Kerle das anstellen, habe ich bis heute nicht herausbekommen, aber sie brachten es wieder mal fertig, so ganz auf die stille Tour immer länger, immer breiter zu werden, so daß ich alle Mühe hatte, einen schmalen Streifen auf der Außenkante der breiten Couch zu behaupten.

Nachdem mir das gelungen war, fiel auch ich noch einmal in Schlaf, und da erlebte ich einen jener atemnahen, überdeutlichen Wachträume, von denen ich vorhin sprach.

Zunächst sah ich, gewissermaßen als Ouvertüre, ein wirbelndes Kaleidoskop Berlins, wie es vor 1933 war: schön, lebendig, interessant, vielleicht die Hauptstadt aller Hauptstädte Europas, in der es sich am angenehmsten

leben ließ. Das Bild verengte sich auf die Gedächtniskirche, dahinter das grüne Baumgewölk des Zoos, und da war ich wieder Journalist und saß im Verwaltungsgebäude meinem alten und sehr verehrten Bekannten Geheimrat Heck, dem Chef des guten alten Zoo, gegenüber. Er lächelte mich aus seinen knallblauen Augen über den roten Bäckchen und dem silberweißen Spitzbart an und hob den Finger:
»Ihre Artikel, lieber Herr Bentz – Sie wissen, wie wir sie schätzen, aber es gibt für Sie, wie für viele Ihrer Kollegen, eine große Gefahr: daß Sie nämlich die Tiere vermenschlichen. Sie dichten ihnen eine Seele an, die sie nicht haben.«
Da waren wir wieder bei unserem alten Thema. Ich kam sofort in Fahrt: »Und was glauben Sie, was sie statt einer Seele haben?«
»Gesunde, unverbogene Instinkte. Vor allem Ernährungs- und Vermehrungstrieb. Das meiste kreist, wenn Sie genau hinsehen, um diese beiden Pole.«
»Tut es das nicht auch bei uns?«
»Gewiß, aber außerdem gibt es bei uns etwas – eben das, was wir Seele nennen, etwas, was über die Instinkte hinausgeht und uns unter Umständen veranlassen kann, ihnen zuwiderzuhandeln.« Er zwinkerte mich an: »Ob das allerdings immer zu unserem Besten ist, steht auf einem anderen Blatt.«
Ich gab mich noch nicht geschlagen: »Das mag für primitive Tiere zutreffen, aber bezieht sich Ihre Definition auch auf die Hunde?«
»Auch auf die Hunde! Ihre Symbiose mit uns Menschen darf Sie darüber nicht wegtäuschen...« Sein Gesicht verwandelte sich plötzlich, wurde fremd, unheimlich schwankend wie eine Spiegelung im Wasser.
Dann war ich wieder außerhalb des Hauses, sah den Zoo ringsum. Er lag in nächtlicher Finsternis, schwarz und beängstigend unter einem bösen Mond. Und dann war ein

schweres Dröhnen im Himmel, ein Heulen und Pfeifen. Rasende Explosionen rissen die alten Bäume um, zerbrachen die Käfige. Todwunde Tiere – Giraffen, Löwen, Tiger – stürzten über die Wege, Krokodile aus dem zerschlagenen Aquarium schleppten sich über das Straßenpflaster, und über diesem apokalyptischen Schrecken stand die lodernde Fackel der brennenden Gedächtniskirche. Jetzt wankte der Boden, ein neuer Einschlag, schrecklicher als alle bisherigen – und ich saß wieder wach und schweißnaß vor Angst.

Erst allmählich merkte ich, was passiert war. Weffi war aufgesprungen, über mich weggetrapst und hatte das Wasserglas auf dem niedrigen Tisch vor meiner Couch umgeworfen. Er stand aufgeregt schlotternd vor mir und schnupperte an der Pfütze. In der Pfütze schwammen meine Archivausschnitte. Als ich ihn anschaute, setzte er sich auf die Hinterkeulen und rang Verzeihung heischend die dicken Fellbeinchen.

»Ja, du liebe Güte«, sagte ich, »was hast du denn da wieder angestellt?«

Und dann wälzte ich mich auf die Seite und klaubte die Ausschnitte aus der Nässe. Bei einem stutzte ich. Es war der, den ich vor dem Einschlafen zuletzt in der Hand gehabt hatte, eine Seite aus einer Illustrierten. Oben sah ich einen Autobus, vor dem ein glatthaariger Terrier stand, altersgekrümmt und kläglich den Kopf zu den Fenstern des Wagens erhoben, aus denen ein paar Köpfe auf ihn niederschauten. Darunter zwei kleinere Bilder. Das eine zeigte das Porträt eines jungen Mannes und das andere noch einmal den Hund, neben dem eine weinende Frau kauerte und ihn an sich preßte.

Sie entsinnen sich vielleicht dieses Falles, der vor einigen Jahren durch die Presse ging? In dem kleinen Dorf Luco di Mogello bei Mailand hatte man diesem achtzehn Jahre alten Tier, »Fido«, eine Goldmedaille verliehen und ein Denkmal gesetzt, weil es seit vierzehn Jahren in uner-

schütterlicher Liebe und Treue auf sein Herrchen wartete, das bei einem Bombenangriff ums Leben gekommen war. Jeden Tag hatte sich der uralte Hund an die Bus-Haltestelle geschleppt und erwartete dort, in glühender Hitze oder strömendem Regen, den Nachmittagsautobus, mit dem einst sein Herrchen von der Arbeit heimgekommen war, sein Herrchen, das ihn vor achtzehn Jahren als ganz junges Tier halbverhungert aufgegriffen und zu sich genommen hatte.
Das eine der beiden kleinen Bilder zeigte, wie gesagt, das Herrchen, das ein Opfer der Bomben geworden war, das andere seine Witwe bei der Feier, wie sie neben dem Getreuen kniet, überwältigt von seiner großen Liebe und vielleicht auch von der Erinnerung an den unwiederbringlich Verlorenen ...
Ich legte mich zurück, grübelte. Das also war wohl die Wurzel meines Traumes. Der treue Hund. – Wenn der gute Papa Heck das noch erlebt hätte, was würde er wohl dazu gesagt haben?
Die Bombe, die das Herrchen tötete – Bomben – Zoo – Papa Heck – Krieg – ja, aus diesen bunten Erlebnissplittern hatte sich der Traum sein Gehäuse gezimmert.
»Herr Geheimrat«, hätte ich ihm gesagt, »ist nicht die Liebe, die unerschütterliche, unbedingte Treue die höchste Seelenregung, deren auch ein Mensch überhaupt fähig ist?«
Und wie meine Gedanken wieder ins Schwimmen kamen, wanderte meine Erinnerung zurück zu dem ersten Hund, den ich bewußt erlebte.

Lord

Ich war wieder ein kleiner Junge, sechs Jahre alt und zu Besuch bei meinem Onkel, der damals junger Förster in Böhmen war. Jedes Jahr fuhr ich mit meiner Mutter in das Forsthaus, das einsam in einem gewaltigen Forstgebiet lag. Zu diesem Forsthaus gehörte ein stichelhaariger Vorstehhund mit Namen Lord.

Erst spät am Nachmittag hatte uns der Landauer mit den beiden Rappen von der kleinen Bahnstation abgeholt. Ich konnte Lord, der auf dem Hof an der Kette lag, nur flüchtig begrüßen, weil wir bald zu Abend aßen. Nach dem Abendessen wurde ich schnell müde, aber ich sammelte gewissenhaft alle Wurstpellen und Knochen ein und ging hinaus zu Lord. Es war eine mondlose, klare Sternennacht im August. Von den Wiesen kam betäubender Heuduft, aus dem Stall hörte ich leises Schnaufen der beiden Kühe und vom Tümpel das Knarren der Frösche. Ringsum das Orchester der Grillen. Eine Fledermaus strich so nahe an meinem Gesicht vorbei, daß ich den Lufthauch ihrer Flügel spürte. Ich ging ganz vorsichtig über das Knubbelpflaster des Hofs in Richtung der Hundehütte. Von dort kam jetzt das Winseln und Keuchen. Lords Kette klirrte, als er in meine Richtung sprang. Allmählich gewöhnten sich meine Augen an die Finsternis, und ich konnte vor der Hütte seine tanzende Gestalt erkennen, die mir kleinem Jungen riesenhaft groß erschien. Und dann war ich bei ihm und hielt ihm das Fressen hin. Aber er nahm es nicht, fiel mir statt dessen um den Hals, daß mir die Knie einknickten. Dann fingen wir beide vor Rührung an zu heulen, jeder auf seine Weise.

»Lord – Lordi«, schluchzte ich schließlich, »du hast mich nicht vergessen ...«

»Nein, das hat er auch nicht«, sagte eine Stimme hinter mir. Ich drehte mich um und sah, mächtig in der Finsternis aufragend, die Gestalt meines Onkels. Ganz oben glühte für einen Moment der Schein seiner halblangen Pfeife, als er sie sich neu anzündete. In der aufzuckenden Glut sah ich sein festes Gesicht mit den dicken Augenbrauen, dem schwarzen Schnurrbart und den schwarzen Augen. Er sah nachdenklich aus.

»Ich weiß nicht, wie der Kerl das rausgekriegt hat«, sagte er, »aber er ist schon seit ein paar Tagen ganz verrückt. Seit eure Karte mit dem Ankunftsdatum kam. Vielleicht hat er gehört, wie wir uns darüber unterhielten und ich dabei deinen Namen nannte.« Er bückte sich hinunter: »Na, alter Lümmel, werde ich denn gar nicht mehr begrüßt?«

Lord schmiegte sich an seine Beine, und er tätschelte seinen Kopf: »Möchte ich dir auch geraten haben, du Lump, du ungetreuer!« Und zu mir: »Ach, wird sich deine Mama freuen, wenn du dich da in den Hühnermist setzt, du Lauser!«

»Das macht nichts«, versetzte ich ihm zuversichtlich, »darf ich Lord losmachen?«

»Meinetwegen.«

Der Onkel ging weg. Eine Wolke von Pfeifenrauch blieb hinter ihm in der dicken, warmen Nachtluft. Ich machte Lord von der Kette los. Er tobte aber nicht wie sonst erst mal im Hof herum vor Freude, sondern legte sich quer über meine Beine und preßte den Kopf auf meine Schulter. Und dann erzählte ich ihm alles, was ich in dem langen Jahr unserer Trennung erlebt hatte. Ich erzählte so lange, bis die Mama in die Tür trat. Noch heute sehe ich ihre schmale Gestalt in dem goldenen Lichtviereck stehen.

»Aber wo steckst du denn? Willst du heute gar nicht schlafen gehen?«

Lord kam mit bis an die Tür, begrüßte hechelnd die Mama, leckte mir noch einmal über das Gesicht und trottete dann zu seiner Hütte zurück. Erst jetzt hörte ich, wie er anfing, die Knochen zu knacken.

Hinter dem Forsthaus vorbei lief ein tiefer Hohlweg, und hier spielte ich in den kommenden Wochen mit Lord, wenn er nicht gerade mit dem Onkel auf Dienstgang war. Oben am Rande des Hohlweges hatte ich meine »Burg« gebaut, eine Art Nest aus Zweigen, die ich von überallher zusammengeschleppt hatte. Lord mußte die Burg bewachen, während ich mit meinem Luftgewehr auf Indianerjagd ging, und er blieb auch wie angeschmiedet mit hochgerecktem Hals im Nest sitzen und warf unter den buschigen Brauen strenge Blicke in die Umgebung, als habe er seine Rolle in meinem Spiel völlig begriffen.

Als ich eines Tages von einer erfolgreichen Schlacht mit den Sioux zurückkehrte, sah ich, daß er unruhig umherrückte, leise Winsellaute ausstieß und immer wieder den Kopf gegen sein Hinterteil drehte. Sobald ich sicher in der Burg war, sprang er auf, reichte mir die Pfote und setzte über den Astverhau. In toller Fahrt sah ich ihn über die Wiesen bis an den kleinen Waldbach fegen, und dort pflanzte er sich mittenhinein. Ich wunderte mich zunächst, was das alles wohl zu bedeuten habe, aber bei näherem Zusehen entdeckte ich, daß sich unter dem flachen Stein, auf den ich Lord als Ausguckposten postiert hatte, ein Ameisenvolk angesiedelt hatte, von der winzig kleinen Sorte der Erd-Ameisen, die besonders niederträchtig beißen. Lord aber hatte diese Höllenqualen ausgehalten, bis ich ihn in meiner Eigenschaft als Burgherr ablösen konnte. Wer die panische Angst aller Hunde vor Insekten kennt, wird seine liebende Pflichttreue doppelt zu schätzen wissen. Abgesehen davon, kann ich mir wenige Menschen vorstellen, die in dieser Situation auf ihrem Posten ausgeharrt hätten.

Ein anderes meiner Spiele bestand darin, daß ich auf dem Hosenboden den steilen Rand des Hohlweges hinunterrutschte, ein dutzendmal hintereinander. Bei dieser Gelegenheit lieferte Lord ein neues Beispiel für seine zärtliche Hingabe und Anhänglichkeit, die alle instinktmäßigen Begrenzungen überwand. Er sah sich meine Rutscherei eine Weile an, und als ich einladend sagte: »Komm, Lord, mach's auch!«, rutschte er ebenfalls, auf seinen Hinterkeulen sitzend, den Abhang hinunter. Es war mehr ein

Robben als ein Rutschen, und es fiel ihm maßlos schwer. Sein ganzer Körperbau sprach ja gegen diesen Sport, und mehrmals fiel er auf die Nase und kollerte Hals über Kopf den Abhang hinunter. Schließlich aber, mit angestrengt verzogenen Lefzen, jedoch höchst vergnügten Augen hinter mir Zentimeter um Zentimeter sich abwärts arbeitend, schaffte er's.
Unten richtete er sich an mir auf und drückte mich richtig mit den Pfoten an sich: »Na, bist du jetzt zufrieden?«

Hektor

Für einen Augenblick zerrinnt das Bild, und der weiße Spitzbart mit den spöttischen blauen Augen darüber taucht wieder auf: »Wissen Sie auch genau, daß er nicht etwa Würmer hatte und deshalb rutschte?«
»Nein, mein sehr verehrter advocatus diaboli, er hatte keine, sonst wäre er einmal in der ganzen Zeit auch auf ebener Erde gerutscht!«
Wie aus weiter, weiter Ferne kommt ein Lachen: »Ich meinte es ja auch nur sicherheitshalber. Fahren Sie fort!«

Also gut, ich fahre fort. Und da wir mal gerade beim wäldlerischen Milieu sind, will ich Ihnen die Geschichte vom Waldbauern erzählen, der einen vier Jahre alten Schäferhund namens Hektor hatte. Hektor war ein prachtvoller Kerl: schlank, drahtig, lange Nase, die ihm wie eine lustige schwarze Maske im Gesicht saß, bernsteinfarbene Augen und ein schneeweißes Wolfsgebiß. – Als der Waldbauer eines Tages in der frühen Dämmerung an seinem Torfstich oben am Moor vorbeikam, huschte eine große Ricke weg. Von dorther, wo sie aufgesprungen war, kam ein klägliches Fiepen; offenbar ein Kitz. Hatte die Ricke dort geworfen? Der Waldbauer zögerte, dann aber überwand ihn die Neugier: es konnte sich

ja auch in einer Wurzel verhakt haben, das Kleine. Natürlich würde er es nicht anrühren, damit es die Mutter wieder annahm.
Als er das Kitz fand, sah er jedoch sofort, daß er es doch berühren müsse, denn es war in einen der Moorgräben gefallen und im Begriff, in dem rötlichen Sumpfwasser zu versacken. Nur Hals und Kopf mit den entsetzt aufgerissenen Lichtern schauten noch heraus. Ringsum war der Boden zerstampft, aufgewühlt, und das Sumpfwasser stand dunkelbraun in den Spuren. Die verzweifelte Mutter hatte anscheinend versucht, das Kleine herauszuziehen oder freizuscharren, aber die Natur hatte ihr das Werkzeug für diesen Notfall versagt. Die Natur ... Einen Moment, während sich der Bauer niederkniete, glitten seine Augen über die düstere Moorlandschaft: die Natur ... Beinahe hätte sie wieder eine ihrer grausamen Tragödien aufgeführt, deren Sinn zu begreifen uns wohl nie gelingen wird.
Der Bauer zog das kleine Rehkitz aus dem Schlamm, trug es zur Seite und trocknete es notdürftig mit Gras ab. Dann leerte er den Torfsack und steckte das Kitz hinein. Er lud es auf den Handwagen. Das Tier war so verängstigt und erschöpft, daß es sich wohl kaum unterwegs vom Wagen strampeln würde. Die Frau daheim würde sich seiner schon annehmen. Sie wußte, wie man so ein kleines, flackerndes Lebensflämmchen mit verdünnter Milch und einem Gumminuckel am Brennen hielt. Schon einmal, vor vielen Jahren, hatte sie so ein Rehkitz aufgezogen, bis es ein starker Bock geworden war. Drei Jahre später war er im Wald verschwunden, aber immer wieder von Zeit zu Zeit zurückgekehrt, bis der junge Hektor ihn verjagte.
Hektor! Der Gedanke an ihn traf den Waldbauern so plötzlich, daß er kurz vor seinem Hof stehenblieb. An den Hund hatte er ja noch gar nicht gedacht! Wie würde er es wohl aufnehmen? Hektor war in puncto Wild

durchaus kein Musterknabe. Man konnte ihn zwar nicht einen Streuner nennen, aber so gelegentlich griff er sich doch mal einen kranken Hasen oder auch einen unaufmerksamen, gesunden Hasen, und der Förster hatte schon mal abends am Stammtisch gesagt: »Waldbauer, wenn ich nicht wüßte, wie du an deinem Hektor hängst ... Ich habe ihn heute morgen da oben im Wald erwischt, wie er in voller Fahrt auf einer Spur war. Als ich ihn anrief, drückte er sich sehr verlegen! Ihr müßt auf ihn aufpassen. Ist kein schlechter Kerl, der Hektor, aber im Blut haben sie's ja alle...«
Der Waldbauer, vor seinem Haus stehend, in dem schon die Fenster ihre gelben Lichtaugen aufgeschlagen hatten, kratzte sich den Kopf: Im Blut haben sie's ja alle ...
Und wenn er nun obendrein auch noch eifersüchtig auf das kleine Ding hier würde? Es brauchte durchaus nicht viel, um ihn eifersüchtig zu machen. Nur einen anderen Hund durfte man mal anlocken, dann fiel er schon über ihn her wie der Leibhaftige. Und ein Gesicht konnte er dazu schneiden, daß man sich wahrhaftig fürchtete.
Der Bauer fuhr zusammen. Da stand plötzlich, der halben Finsternis lautlos entwachsen, Hektor neben ihm, richtete sich wedelnd an ihm auf. Sofort aber hatte er die Witterung des Kitzes und näherte sich mit gesträubtem Nackenhaar dem Wagen, auf dem etwas im Torfsack zappelte, das direkt berauschend roch.
»Artig, Hektor!« mahnte der Bauer, griff ihn am Halsband und klopfte ihn. Die bernsteinfarbenen Augen richteten sich fragend zu ihm auf, und eine lange, rote Zunge fuhr genießerisch über die Lefzen: Gibt's das morgen zum Mittag, und fällt da was für mich ab?
Der Bauer seufzte. Das konnte ja gut werden! Er zog die letzten Schritte den Wagen zum Haus, Hektor folgte, die Nase fest auf den Sack gepreßt. Drinnen in der Küche, als der Bauer den Sack vorsichtig leerte, schlug die Frau die Hände zusammen: »Ja, Mann, was schleppst du denn

da wieder an? Als wenn wir nicht schon genug Müh hätten!«

Während der Bauer erzählte, betrachtete sie das Wesen, das dort klamm und zitternd in seinem weißgefleckten Jugendkleid stand, die viel zu langen Beine schwankend, die riesigen dunklen Augen aufmerksam auf sie richtend. Das Kitz hob witternd die lackschwarze Nase, tappte dann auf die Frau zu und steckte ihr den Kopf in die Schürze. Die Bäuerin seufzte, breitete die Arme aus und kniete sich nieder: »Hol frische Milch aus dem Stall, Mann. Und wenn du an der Truhe auf der Diele vorbeikommst – da muß noch die Flasche vom Hansi drin liegen.«

In ihrem Rücken hörten sie ein dumpfes Knurren, und als sie sich umdrehten, stand Hektor in der Tür. Das flackernde Herdfeuer malte höllische Reflexe in seine Pupillen.

»Marsch, in die Hütte!« sagte der Bauer und ging auf den Hund zu. Aber die Frau hielt ihn am Ärmel: »Nein, wart, so geht's nicht. Hol mal die alte Decke aus der Kammer!«

Der Mann holte die Decke, und seine Frau legte sie neben den Herd. Dann rief sie den Hektor zu sich. Er kam langsam und mit gesträubten Nackenhaaren. Sie streichelte ihn lange und hielt ihn dabei am Halsband, während sie leise und liebevoll auf ihn einsprach. Das Kitz stakste auf den Hund zu, schnupperte ihn ahnungslos an der Schnauze und suchte dann an seinem Bauch vergeblich nach den mütterlichen Zitzen. Hektor entblößte stumm die Zähne und zitterte, aber immer noch hielt ihn die Frau, streichelte ihn und erzählte ihm, was für ein guter, was für ein braver Kerl er sei und daß er schön auf die Lisl aufpassen müsse. Denn Lisl würde sie natürlich heißen, genau wie alle Böcke Hansi heißen.

Allmählich beruhigte sich Hektor, und als der Bauer mit der Flasche kam und man die Milch verdünnte (weil ein Kitz nämlich an unverdünnter Milch eingeht), ließ sich

Hektor auf die Keulen nieder und betrachtete voller Aufmerksamkeit, was weiter geschah.
Es kostete einige Mühe, Lisl den Zweck der Flasche klarzumachen, und der Bauer mußte sie halten, während ihr die Frau mit Gewalt den Nuckel ins Mäulchen steckte. Als das Kitz aber die ersten Milchtropfen geschmeckt hatte, war die Schlacht gewonnen. Es zuppelte immer wieder, gierig und ungeduldig gegen die Flasche puffend, als sei sie das Gesäuge der Mutter.
Schließlich zeigte ein vernehmliches Rülpsen an, daß Lisl satt war.
»So«, sagte die Bäuerin, »und jetzt legen wir sie auf die Decke. Wenn sie sich nach ein paar Tagen erholt hat und etwas kräftiger ist, kann sie in den Stall.«
Aber auf der Decke hatte es sich Hektor schon bequem gemacht. Der Bauer wollte ihn wegscheuchen, aber wieder hinderte ihn seine Frau. Sie streichelte Hektors Kopf und zeigte auf den Herdplatz: »Du bleibst da, Hektor, und paßt schön auf die Lisl auf!«
Das Kitz untersuchte inzwischen die vielen fremden und seltsamen Dinge in der Küche. Tapp-tapp-tapp machten seine kleinen Hufe auf den hölzernen Küchenbohlen. Einmal, als draußen das Käuzchen schrie, hob es den Kopf und stellte die Lauscher nach vorn. Dann setzte es die Inspektion fort und endete bei Hektor. Es beschnüffelte ihn ausgiebig, und als er sich auf die Seite legte, suchte es wieder an seinem Bauch, aber nur noch flüchtig, weil es ja schon satt war.
Hektor sah fragend auf die Menschen, die mit angehaltenem Atem das Schauspiel betrachtet hatten. Er grinste und ließ die Zunge aus dem Maul hängen: Na, mache ich's richtig?
»Brav, Hektor!« lobte ihn der Bauer.
»Braves Hunderl!« sagte die Frau, und ihre Hand fuhr ihm über die Ohren.
Und dann geschah etwas, ein liebliches Wunder wie eine

ferne Erinnerung an das Paradies: Das Kitz knickte die Läufe ein und kuschelte sich an Hektors warmen Leib. Der hob seine Vorderpfote behutsam hoch, um es nicht zu drücken, senkte dann den Kopf auf die Brust und begann, ihm das Köpfchen abzulecken.

»Komm in die Stube«, sagte die Frau, »hier passiert nix mehr. Du wirst hungrig sein.«

Von diesem Tage an waren Hektor und Lisl unzertrennlich. Wenn Lisl auf dem Hof herumhüpfte, wurde der große Wolfshund direkt wieder jung, sprang hinter ihr her, leckte sie zwischen den Lauschern, nahm einen ihrer dünnen Läufe in die gewaltigen Fänge oder legte sich vor ihr auf den Rücken, damit sie seinen Bauch beschnupperte oder ihn vorsichtig mit ihrem kleinen schwarzen Huf auf den tiefen Bug klopfte. Wollte sie in jugendlicher Unerfahrenheit vom Hof auf die Straße laufen, so stellte er sich vor sie und drängte sie mit sanfter Gewalt wieder zurück. Bekam Lisl die Flasche, so saß Hektor würdevoll und aufmerksam daneben, als wolle er sagen: Muß achtgeben, daß alles ordentlich geschieht.

Oft, wenn die Bauersleute, rechtschaffen müde, abends unter ihrer Lampe saßen, stießen sie sich gegenseitig an und beobachteten das ungleiche Paar, wie es miteinander spielte. Hektor lag auf der Seite und tat, als ob er schliefe. Das Reh stakste um ihn herum und beroch ihn, und kam es dabei an seine Schnurrbarthaare, verzog er das Gesicht und nieste, daß Lisl zurücksprang. Dann richtete er sich halb auf, leckte dem Reh über die Schnauze, ließ sich wieder auf die Seite fallen, hängte albern die Zunge aus dem Maul und verdrehte die Augen wie ein drei Monate alter Hund. Die Bauersleute saßen ganz still und andächtig und fühlten, wie die große Liebe der Geschöpfe gleich einem unsichtbaren Engel durch die Stube ging. –

Als Lisl größer wurde und von der Milch auf Grünfutter überwechselte, konnte es passieren, daß sie sich in einer Backfischlaune für Hektors Napf interessierte, indem es ab und zu auch Mohrrüben gab. Hektor wich dann vor dem Napf zurück – um den er mit jedem anderen Lebewesen bis zum Tode gekämpft haben würde – und sah ihr mit schiefem Kopf zu, wie sie vorsichtig eine Mohrrübe aus dem Fleisch fischte und sich damit in eine Ecke zurückzog.

Lisl schlief jetzt im Stall, und Hektor verließ daraufhin seine Hütte und schlug seine Lagerstatt vor dem Stall auf. Es blieb nichts anderes übrig, als ihm die Hütte dorthin zu rücken. Einmal wollte der Bauer noch spät am Abend in den Stall und etwas holen, da stellte sich ihm Hektor in den Weg.

»Ja, bist du denn nicht gescheit?« sagte der Mann und schob ihn mit der Rechten zur Seite.

Als er im Stall war und im Schein der trüben Laterne herumsuchte, war Hektor jedoch wieder da und stellte sich vor Lisl, die im Heu lag.

»Geknurrt hat er nicht gerade«, erzählte er seiner Frau, als er zurück war, »aber er hat geschaut – ganz merkwürdig, und mir wurde richtig unheimlich. Möchte nicht im Bösen mit dem Kerl aneinandergeraten. Weiß nicht, wie's geworden wäre, wenn ich die Lisl – wenn auch nur so zum Spaß – angefaßt hätte!«

Zwei Jahre vergingen. Die beiden, Hektor und Lisl, waren nun weit und breit bekannt, und einmal erschien sogar einer von der Presse, machte Bilder und schrieb über sie in der Zeitung. Die Bauersleute klebten den Artikel stolz ins Familienbuch.

Und dann kam, jäh und furchtbar, das Ende. Die Besitzer des Sägewerks, ein hartes und geiziges Paar, hatten sich nach einem Einbruch in ihr Haus zwei riesige Doggen angeschafft, die sehr bald der Schrecken der Umgebung wurden, weil die Leute ihnen nicht genug zu fressen gaben, damit sie scharf blieben. Tagsüber ließen sie die Doggen streunen, und nur nachts blieben sie hinter dem hohen Zaun des Grundstücks.

Eines Morgens hörte die Bäuerin draußen vor dem Fenster das Knurren Hektors und gleich darauf das Geräusch eines rasenden Kampfes. Als sie hinauslief, sah sie ein Bild, das sie erstarren ließ. Die beiden Doggen, als trainierte Räuber aufeinander eingespielt, hatten das Reh in eine Ecke des Hofes manövriert. Zwischen ihnen und dem Reh aber stand Hektor, die Zähne gefletscht, schon schwer blutend. Auch die beiden Doggen waren blutüberströmt. Jetzt stieß die eine wieder gegen das Reh vor, während die andere den Wolfshund angriff und sich in seinem Vorderbein verbiß. Hektor schrie vor Scherz laut auf, aber mit einem verzweifelten Sprung, die schwere Dogge mit sich reißend, warf er sich auf die andere, schlug sie zu Boden und vergrub die Zähne in ihre Schnauze. Das Reh benutzte diesen Augenblick, setzte mit einem langen Sprung über das Knäuel der kämpfenden Hunde hinweg und stürmte über die Wiesen dem Wald zu.

Die Bäuerin griff sich eine Mistforke und drosch mit dem Stiel auf die beiden Doggen ein, die jetzt den Wolfshund unter sich begraben hatten. Als sich eine der Doggen jedoch gegen sie wandte, mußte sie ins Haus fliehen. Schließlich kamen Nachbarn zu Hilfe und verscheuchten die Räuber.

Lisl, das Reh, kehrte niemals mehr zum Hof zurück. Nur noch einmal näherte es sich dem Bauern, als er unter den Büschen am Waldrand beim Ackern verschnaufte. Hektor aber war noch am gleichen Abend an seinen furchtbaren Wunden gestorben. Er hatte sein Leben für das geliebte Wesen gegeben.

»Liebe und Treue bis zum Tod, Kampf für ein Tier, das er normalerweise im Wald gejagt hätte – klarer Sieg des Seelischen über den angeborenen Instinkt, finden Sie nicht auch, Herr Geheimrat? Aber Sie finden noch mehr in der Seele des Hundes, nämlich die Tiefen, die diesen Höhen entsprechen: Eifersucht und Kränkung ohne Ver-

gessen und Kompromiß, und außerdem eine unzweifelhaft menschliche und sehr sublime Seelenregung – den Humor!«
Das Gesicht mit dem Spitzbart wird ganz deutlich, und ebenso deutlich werden die ironischen Fältchen in den Augenwinkeln:
»Das mit dem Humor, mein lieber Bentz, scheint mir nun ein ganz klarer Fall von Imagination zu sein! Sie haben selbst Humor, wie wir wissen, und da haben Sie einfach diese Ihre Einstellung zum Leben auf Ihre geliebten Hunde projiziert. Der Hund als solcher ...«
Er hält inne und furcht, über mich hinwegblickend, die Stirn. Was hat er denn? Stört ihn was?

Poldi

Ich wende mich um und sehe aus dem Nebel der Vergangenheit eine kleine Gestalt auf mich zutraben, etwas Goldfarbenes mit ebenso goldenen Augen, langen Ohrgehängen, die um den schmalen, hohen Kopf schlackern, und dicken Knuddelpfoten. Ja, das ist doch wahrhaftig der Poldi! Er setzt sich vor uns hin und kneift ein Auge zu, während er über das ganze Gesicht lacht. Ich streichele sein seidenweiches Fell:

Poldi – und da ist ja auch die gute Lotte, meine liebe Freundin, mit der mich seit vielen Jahren eine feste, gute Kameradschaft verbindet. Lotte hatte damals – als die Sache mit Poldi begann –, einige Jahre nach dem Kriege, gerade die Bestätigung bekommen, daß ihr geliebter und seit langem vermißter Mann den Tod im Feld gefunden habe. Die Schatten ihrer langen Einsamkeit senkten sich nun noch tiefer auf sie. Gerade in dieser Zeit ihrer tiefsten Trauer jedoch kam sie auf eine Weise, an die ich mich nicht mehr erinnere, mit einer Dame in einer anderen Stadt in Verbindung. Die hatte sieben Jahre hindurch einen Cocker-Rüden besessen, von dem sie sich aber nun aus irgendwelchen Gründen trennen wollte. Eines Tages fuhr bei Lotte ein Wagen vor, und ein wunderschöner goldbrauner Cocker mit langem Ohrgehänge und dicken Knuddelpfoten wurde bei ihr abgeladen. Schon eine Woche zuvor hatte Lotte ein Körbchen für ihn besorgt, eine Decke zurechtgeschnitten, alte Tennisbälle organisiert und einen Gummiknochen mit Schokoladegeschmack erstanden. Als Poldis Frauchen die Treppe hinuntergegangen und wieder weggefahren war, umarmte Lotte den Hund und sah dann ganz glückselig zu mir auf: »Endlich bin ich nicht mehr allein!« Und dann setzte sie ihm eine Freßschale mit Schabefleisch hin. Poldi sah sich höflich die Schale an, wedelte einmal unverbindlich mit dem Schwanzstummel, dann watschelte er aus dem Zimmer in den dunklen Flur und legte sich dort an die Eingangstür.

»Du brauchst dich darüber nicht zu grämen«, sagte ich ihr. »So ein Cocker ist sehr charaktervoll. Drei Tage wird er bestimmt seinem Frauchen nachtrauern und wahrscheinlich auch nichts fressen.«

Ich mußte bald wieder fort, und erst nach einer Woche kam ich erneut bei ihr vorbei.

Ich erschrak über ihr Aussehen, als sie mir die Tür öffnete: »Mein Gott, Kind, was ist denn mit dir los? Du siehst ja wahrhaftig aus wie ein Gespenst! Hast du 'ne Hungerkur gemacht?«

»Vor allem hat Poldi eine Hungerkur gemacht.«

»Ach richtig – Poldi – wie geht's ihm denn?«

»Er hat sieben Tage nichts gefressen, bis gestern! Zum Schluß war er schon so schwach, daß er nur noch taumelte. Auf der Straße hat er immer nur in aller Eile das Notwendigste erledigt und ist dann gleich wieder die Treppe raufgerannt, als fürchtete er, sein Frauchen wäre inzwischen gekommen, um ihn abzuholen. Und dann hat

er wieder im dunklen Flur vor der Tür gelegen und gewartet und gewartet ...«
»Na, und jetzt frißt er?«
»Ja, seit gestern. Ich hatte ihm wie jeden Tag frisches Schabefleisch hingestellt, und als er wieder von der Schüssel wegging und mich so mit seinen traurigen Augen ansah, da konnte ich nicht mehr und hab einfach geheult. Und wie ich da so hockte und mir die Tränen durch die Hände liefen, kam er plötzlich, leckte mir erst die Hände, dann das Gesicht, und dann drehte er sich um und fraß! Und heute morgen ist er zum erstenmal mit mir in den Park gegangen, ohne umzukehren! Als wir heimkamen, hat er auch nicht mehr an der Stelle rumgeschnüffelt, wo zuletzt das Auto von seinem Frauchen stand.«
Ich ging mit ihr ins Zimmer. Drinnen sprang Poldi vom Sessel und watschelte auf mich zu. Mein Gott, war das Kerlchen dürr geworden! Das Fell schlotterte nur so um die Knochen.
»Ja, Poldi«, sagte ich und streichelte ihm den hohen Kopf, »was machst du denn für Geschichten? Wollen wir denn nun endlich richtig Fresserchen machen? Sieh mal, dein neues Frauchen hat dich doch so lieb!« Seine großen goldenen Augen suchten in den meinen, dann gab er mir die dicke Pfote. Ich nahm ihn auf den Schoß, während Lotte das Tischchen heranrückte und das Mittagessen deckte. Sobald sie sich setzte, sprang er hinunter und legte sich über ihren Fuß. Ich grinste sie an: »Na, ich glaube, ich brauche mir keine Sorgen mehr zu machen. Er ist über den Berg.«
Sie langte hinunter und streichelte ihn: »Meinst du wirklich?«
»Bestimmt.«
Als ich nach vierzehn Tagen wiederkam, hatte Lotte ihr Gewicht schon wieder aufgeholt, und auch Poldi war wieder normal. Er zeigte darüber hinaus sogar eine gewisse Rundlichkeit. Er reichte mir wieder die Pfote, dann

watschelte er eifrig weg und kam mit seinem Gummiknochen zurück. Ich klopfte ihm den Rücken: »Na, alter Junge, jetzt würde ich mal 'n bißchen mit dem Zunehmen aufhören!«

Lotte lachte und setzte sich neben mich: »Ach, laß ihn nur. Er muß erst alles nachholen.«

»Die Besserung hält also bei euch beiden an?«

»Ich möchte ihn nicht mehr hergeben, nicht für eine Welt! Und ich glaube, er mich auch nicht. Er schläft natürlich mit mir im Bett, er geht mit mir einkaufen, und auch in die Redaktion nehme ich ihn mit. Ich habe nämlich jetzt eine Stellung bei einer Fachzeitschrift. Da schreibe ich so 'n bißchen und lerne redigieren.« Sie drehte nachdenklich den Ring an ihrem Finger: »Weißt du, ich hätte nie geglaubt, daß einem ein Tier so viel geben kann! Da haben wir hier in der Straße so eine alte Frau, über die habe ich früher immer gelacht. Sie sammelte nämlich Hunde und heißt bei uns die Hunde-Lisl. In ihrer Wohnung sieht's aus wie in einem Zigeunerwagen. Sie hat eine kleine Pension, aber sie gibt alles für die Hunde aus. Es sind ganz fürchterliche Promenadenmischungen, alle herrenlos auf der Straße aufgegriffen oder aus dem Asyl geholt. Augenblicklich hat sie neun Stück! Ich habe neulich in unserem Kränzchen gesammelt und für vier Hunde zahlen wir ihr jetzt die Steuer.« Sie lächelte mich an: »Jetzt bin ich ja selber so was wie eine alte Hundetante.«

Drei Jahre vergingen. Drei Jahre, in denen sowohl Lotte wie Poldi immer rundlicher wurden. Vergeblich versuchte ich immer wieder, wenigstens Poldis Ernährung etwas einzuschränken: »Du tust ihm doch gar keinen Gefallen«, sagte ich. »Er wird dir eines Tages noch an Fetträude eingehen, oder sein Herz macht nicht mehr mit.«

Meine Ermahnungen fruchteten aber nur ein paar Tage lang, dann wurde sie wieder schwach. Ich steckte mich hinter den Tierarzt, den sie jetzt häufig bemühen mußte, weil der alternde Poldi allerhand Leiden bekam. Aber auch das nutzte wenig: »Das Essen schmeckt mir nicht«, sagte sie, »wenn er neben mir sitzt und mich so ansieht und mich mit den Knuddelpfoten kratzt!«

»Laß ihn zum Donnerwetter kratzen. Er wird sich's schon abgewöhnen, wenn er merkt, daß er nichts kriegt!«

Sie seufzte nur: »Ach, laß man. Wir beiden Dicken fühlen uns ganz wohl so, nicht wahr, Poldi?« Poldi wedelte mit dem Schwanzstummel und leckte sich die Lefzen. Er hatte bestimmt verstanden, daß vom Essen die Rede war.

Aber dann, ein Jahr darauf, merkte ich, wie Lotte, die inzwischen eine bekannte und bewährte Journalistin geworden war, sich veränderte. Die etwas geniale Schlampigkeit, die sie sich in ihrem Beruf angewöhnt hatte, verschwand über Nacht, neue Kleider tauchten auf, und ihre Fülle minderte sich.

Poldi indessen blieb unentwegt dick und hechelte asthmatisch beim Treppensteigen. Lotte klopfte seinen breiten Rükken: »Tja, Poldi, vielleicht bekommst du bald ein Herrchen!«

»Aha!« sagte ich. »Aus der Ecke weht der Wind! Na, das ist gescheit, Mädel. Aber wie wird's denn mit Poldi, wenn das Herrchen kommt?«

»Es wird sich nichts ändern. Das habe ich mit Otto schon ausgemacht.«

»Liebt er denn Hunde auch?«

»Nicht so wie ich, aber es war meine Bedingung, daß er sich mit Poldi abfindet und sich nicht zwischen ihn und sein Frauchen stellt. Apropos Frauchen, da muß ich dir etwas ganz Merkwürdiges erzählen! Vor ein paar Tagen hupt es plötzlich unten, und es kommt ein Ehepaar ins Haus. Und was glaubst du, wer das war? Poldis altes Frauchen mit ihrem Mann!«

»Was!«

»Ja, ich war auch platt. Aber du hättest Poldi erleben sollen! Den Mann hat er freundlich begrüßt, aber das alte

Frauchen hat er nicht mal mit dem Hinterteil angesehen! Er hat ihr den Verrat nicht vergeben und hat's nicht vergessen, daß sie ihn nach sieben Jahren verschenkt hat. Sie weinte, als sie wegging. Er ist mir hinterher gleich auf den Schoß gesprungen und hat ein Auge zugekniffen: Der hab ich's gegeben, was?«

Einen Monat später heiratete sie. Otto zog in ihre Wohnung, weil sie nahe der Redaktion lag. Er war ein netter Kerl, und ich freundete mich schnell mit ihm an. Sehr bald aber merkte ich, daß Poldis wegen zwischen den beiden Spannungen auftraten. Otto hatte ganz offenbar eine Abneigung gegen den Hund. Es war wohl Eifersucht, und außerdem machte er sich anscheinend überhaupt nichts aus Hunden.

Als ich Lotte mal allein auf der Straße traf, bestätigte sie mir meine Vermutung: »Ja, es war doch schwieriger, als ich dachte. Vor der Heirat sieht ja manches anders als hinterher aus. Aber wir sind schließlich beide keine Kinder mehr, haben uns ausgesprochen und so geeinigt, daß Poldi, wenn ich weg bin und Otto mit ihm allein ist, in meinem Zimmer bleibt. Otto mag nicht, wenn er in sein Zimmer kommt, und vor allen Dingen hat er was dagegen, wenn Poldi sich wie früher auf dem Teppich in seinem Zimmer wälzt. Er behauptet immer, es blieben Haare zurück, und die störten ihn.« Sie beugte sich zu Poldi hinunter, der an einer Laterne schnüffelte: »Aber wir beide, gell, Poldi, wir lassen uns nicht stören! Und zwischen uns ist alles so geblieben wie früher und wird immer so bleiben.«

Auch ich streichelte Poldi: »Du hast ja direkt wieder Taille bekommen, Kerl!«

»Ja, das macht der Kummer. Es ist ja nicht nur, daß er nicht mehr in das andere Zimmer darf, wenn er mit Otto allein ist. Er soll doch auch nicht mehr in meinem Bett schlafen, und bis mir Otto gute Nacht gesagt hat, bleibt er auch brav in seinem Korb. Aber sobald wir hören, daß

Herrchen nebenan schnarcht, kommt er natürlich doch in mein Bett, und morgens, wenn wir hören, daß Herrchen nebenan aufsteht, springt er runter, geht wieder in sein Körbchen und kneift ein Auge gegen mich zu: Den haben wir wieder mal lackiert!«

Wir waren inzwischen vor ihrem Haus angekommen, sie sah hinauf: »Komm doch mit rauf, da kannst du was erleben.«

Als wir nach oben kamen, öffnete uns Otto. Lotte unterbrach unsere Begrüßung: »Jetzt sieh mal, was Poldi macht!«

Der stand wedelnd neben uns und sah Frauchen an. Als sie lachte, kniff er ein Auge zu, und dann wackelte er geradeswegs in Ottos Zimmer, warf sich dort auf den verbotenen Teppich und begann sich zu wälzen. Otto seufzte: »Wenn sie dabei ist, traut er sich. Er weiß, wer hier die Hosen anhat.«

Wir gingen alle drei in sein Zimmer. Poldi wälzte sich noch immer. Es war kein gewöhnliches Wälzen – es war eine Wälzorgie. Das Maul weit aufgerissen, in einem schallenden Triumphlachen, rutschte er kreuz und quer, die dicken Pfoten in der Luft, stand einen Moment auf, schmiß sich dann wieder hin, stand erneut auf, rutschte mit dem Kopf die Teppichkante entlang und ruhte nicht, bis er völlig außer Atem, aber selig grinsend auf dem Rücken und mitten auf dem Teppich liegenblieb.

Ich brach in ein schallendes Gelächter aus, Lotte auch. Otto saß mit saurem Gesicht daneben. Da stand Poldi plötzlich auf, watschelte auf ihn zu, pflanzte sich vor ihm auf und gab ihm die Pfote, als wollte er sagen: Trag's mit Fassung, alter Knabe!

Da mußte auch Otto lachen. Er langte hinunter und packte Poldi an der Kehle: »Na, da hast du's ja mal wieder geschafft, du Sauhaufen, du dicker! Aber bilde dir nur nicht ein, daß der Teppich hier nun deine Spielwiese ist oder« – er warf einen Seitenblick auf Lotte – »daß du

in mein Bett klettern kannst, wenn Frauchen mal nicht da ist!«
Das Bild des Zimmers bekommt Wellen, als ob Wasser darüber hinglitte. Ich wende mich um: »Na, was sagen Sie nun, Herr Geheimrat?«

Das Gesicht mit dem weißen Spitzbart kniff ebenfalls ein Auge zu: »Ich frage mich nur, ob der gute Poldi auch so viel ›Humor‹ gehabt hätte, wenn ihn Frauchen nicht so gut gefüttert – und überfüttert hätte?!«
»Einen Augenblick, Verehrtester! Sie wollen das mit dem Freßtrieb erklären? Da kann ich Ihnen Fälle erzählen...«

Axel

Und wieder steigt eine Vision auf. Ein Gebirgstal in Oberbayern, gewaltig ragen die Felswände rechts und links auf. In der Mitte des Tals, auf einer kleinen Kuppe, ein Schloß, und zu Füßen des Schlosses ein Gasthof mit Metzgerei. Hauptpersonen der Handlung: der Metzger selbst, ein rothaariger, stiernackiger Mann mit wasserhellen Augen, sein Faktotum Wastl, ein fast zwergenhafter, unglaublich verkommener Mensch und schließlich Axel, ein Schlittenhund mit Chow-Chow-Blut, den seinerzeit ein amerikanischer Soldat als ganz junges Kerlchen aus Norwegen mitbrachte und in der Gastwirtschaft zurückließ. Vielleicht gefiel Axel seinem Mädchen nicht – niemand weiß es.
Jedenfalls hatte Axel zunächst ganz offensichtlich das Große Los gezogen. Er war sozusagen kopfüber in den Wurst- und Specktopf gefallen. Aber er vergalt seinem neuen Herrn auch die gute Ernährung, indem er das Anwesen bewachte, alle anderen Hunde wegjagte und neben dem Pferdewagen herlief, wenn der Metzger zu den Nachbarorten fahren mußte. Die Pferde konnten noch so

sehr ausgreifen, Axel lief mit. Er hielt mühelos und unermüdlich ihre Geschwindigkeit, und wenn der Metzger mal Angst hatte, daß er sich erschöpfte, und ihn auf den Bock nahm, war er bei der ersten Gelegenheit wieder herunter und lief neben dem Wagen her. Wahrscheinlich kam dieser Trieb zu ausdauernder Bewegung aus dem Blut seiner Ahnen, die gewohnt sind, Wochen hindurch die Schlitten durch die Polarnächte zu ziehen.

Eines Tages gab es in der Familie ein Baby. Aber eine in dieser Situation sehr häufige Komplikation trat nicht ein, Axel wurde keineswegs eifersüchtig. Er annektierte das Baby und bewachte es genauso wie den Hof. Unbesorgt konnte man es im Kinderwagen stehenlassen, Axel saß daneben und fletschte seine furchtbaren Hauer gegen jeden, der sich dem Wagen näherte.

Und dann war da also noch Wastl, wie gesagt, ein eigentümlicher Mensch, unzähmbarer Individualist, wenn man so will, ein bäuerlicher Bohemien. Er weigerte sich, in einem normalen Bett zu schlafen und lag auf irgendeiner alten Decke im Stall. Eine ebenso starke Abneigung zeigte er gegen das Waschen und Rasieren und arbeitete nur dann, wenn es ihm paßte. Wenn es ihm nicht paßte, sagte er seinem jeweiligen Arbeitgeber in gröbsten Tönen die Wahrheit, packte sein Bündel und zog einfach ins Nachbarhaus oder in die Nachbarwirtschaft. Überall war er willkommen, denn man brauchte ihm außer etwas Freibier und dem Essen nichts zu zahlen, und solange es ihm Spaß machte, hackte er Holz, pflegte das Vieh, spielte den Hausdiener und was man sonst noch von ihm verlangte.

Ich war selbst mal dabei, als er meinem Metzger-Gastwirt die Meinung sagte. Wastl stand, den speckigen Hut ins Genick gerückt, mit geballten Fäusten und gesträubten Bartstoppeln vor dem rothaarigen Riesen und setzte ihm auseinander, daß er, der Riese, erstens das dämlichste Luder von der Welt und außerdem noch niederträchtig, geizig, größenwahnsinnig und, mit einem Wort, nicht mit der Kohlenzange anzufassen sei. Dann warf er einen Kartoffelsack über die Schulter, aus dem der Ärmel eines kohlschwarzen Hemdes hing, und zog von dannen.

Der Metzger lachte nur: »Ich bin gespannt, wann er wiederkommt. Es werden so sechs Monate sein, schätze ich. Dann hat er sich mit den Leuten ringsum verkracht und taucht wieder hier auf.«

»Na – und Sie nehmen ihn?«

Der Metzger lachte wieder: »Von ›nehmen‹ kann keine Rede sein. Er ist einfach da, fängt an zu arbeiten und – basta! Das ist so seine Art, wir kennen ihn nicht anders, und keiner nimmt's ihm übel.«

So also war er, der Wastl, und er war außerdem ein großer Freund Axels. Oft schliefen sie zusammen im Stall, oder ich traf sie irgendwo im Gras hockend oder Axel an der Seite von Wastl sitzend, wenn er Holz hackte. Meist war eine lebhafte Unterhaltung im Gange, das heißt, Wastl sprach zu Axel und behandelte ihn dabei völlig als Mensch. Ach, was sage ich – Mensch – für die Menschen hatte der Wastl nicht viel übrig, und die Gründe dafür setzte er Axel ausführlich auseinander, der ihm mit gestellten Ohren lauschte und jedes Wort von den Lippen las. Für ihn kam Wastl gleich nach Herrchen. Allerdings war zwischen Wastl und Herrchen noch ein großer Abstand. Herrchen brauchte nur von fern zu pfeifen, und Axel stand aus der schönsten Unterhaltung mit Wastl auf, wedelte ihn entschuldigend an und war um die Ecke verschwunden.

Bis ich eines Tages Zeuge einer ganz sonderbaren Szene wurde. Im Gasthof waren sehr zahlungskräftige Gäste in einem großen Wagen eingerollt, und sie hatten einen Dobermann mitgebracht, der sich genauso hochmütig benahm wie seine Herrschaft. Er inspizierte höchst ungeniert Axels Freßnapf und holte sich den schönsten Fleischfetzen heraus. Axel stellte ihn zunächst sehr höflich zur Rede, indem er nur in seine Nähe kam und ihm mit einem dumpfen »Wuff« klarmachte, daß das sein Freßnapf sei und daß man doch wenigstens um Erlaubnis hätte fragen können. Der Dobermann aber, mit der Kampflust und Heißblütigkeit seiner Rasse, nahm ihn sofort an, und es entstand eine gewaltige Prügelei. Der ganze Hof hallte von dem Fauchen und Schreien der beiden großen Hunde, die sich in einer mächtigen Staubwolke umeinanderdrehten.

Und da machte der Metzger einen großen Fehler. Von seinem Gastwirtsdenken verführt, gab er dem Gästehund recht, obwohl er unrecht hatte. Er rannte schnell ins Schlachthaus, kam mit einem Eisenhaken wieder und schlug damit auf Axel ein, der gerade den Dobermann so schön am Genick beutelte. Als er den ersten Schlag von seinem Herrchen bekam, ließ er den Dobermann los, der sich höchst kümmerlich davonschlich, und starrte sein Herrchen an. Ich werde diesen Blick nie vergessen. Eine Welt ging darin unter, zerbrach und versank! Dem Fleischer wurde auch ganz unheimlich, er polterte etwas von »Dir werde ich's zeigen!« und ging dann mürrisch und verwirrt in sein Schlachthaus zurück. Axel blieb wie versteinert stehen und starrte ihm nach. Dann leckte er sich die blutende Pfote und hinkte langsam weg.

Seit diesem Tage war der Metzger für ihn erledigt. Der machte in den nächsten Monaten und Jahren immer wieder Versöhnungsversuche, stellte dem Hund das schönste Fressen hin, rannte ihm mit der gefüllten Schüssel nach, lockte, drohte, schimpfte abwechselnd – aber nichts half! Axel blieb zwar auf dem Hof, aber er wich ihm höflich aus. Das Fressen ließ er unberührt stehen, wenn es vom Metzger gebracht wurde. Er bewachte weiterhin das Kind, aber zu seinem Herrn erkor er nunmehr und endgültig den Wastl. Und er ging auch mit ihm, wenn der mal wieder seinen Koller bekam und sich ein anderes Obdach suchte.

Von da an zogen die beiden als unzertrennliches Paar durchs Leben, und es störte Axel keineswegs, daß ihm dieses Leben mitunter Probleme aufgab.
Da war zum Beispiel im Sommer die Sache mit der Kuh. Wastl war mal wieder in der Metzgerei gelandet und bekam den Auftrag, aus einem Dorf jenseits des Berges eine Kuh abzuholen. Er tat dies auf seine Weise, indem er die Kuh nicht etwa am Strick nahm, sondern sich mit ihr unterhielt und sie gewissermaßen als Weggenossen in die Metzgerei zu bugsieren versuchte. Eine Zeitlang machte der Kuh das ziemlichen Spaß, aber dann wollte sie wieder in ihren Stall zurück, und nun war es Axel, dem die Aufgabe zufiel, sie durch Bellen und Zwicken auf richtigem Kurs zu halten. Auf halbem Weg machte der ewig durstige Wastl in einer Wirtschaft Pause, um seinen durch die Hitze verdunsteten Biergehalt wieder aufzufüllen. Die Kuh bekam auch eine Maß Bier zu trinken, weil das nach Wastls Ansicht ihre Laune verbessern würde.
Von nun an wurde es ganz schlimm. Axel mußte einerseits auf das Herrchen aufpassen, das mehr als nur ein Bier in sich hatte und mal rechts, mal links vom Weg zu kullern drohte, und vor allem machte ihm die total betrunkene Kuh zu schaffen. Sie kam auf die närrischsten Einfälle und legte sich schließlich mitten auf der Straße gemütlich zur Ruhe. Axel blieb eine Weile zwischen den beiden stehen und überlegte. Dann beschloß er, daß die Kuh das schwierigere Problem sei, zwickte sie kräftig ins Hinterteil, daß sie aufsprang, und dann packte er sie am Strick, der an ihrem Hals hing, und schleppte sie dem laut singenden und im Zickzack zu Tal schaukelnden Herrchen nach. So landete das Trio endlich glücklich am Bestimmungsort, wo Wastl dann bei einigen weiteren Bieren die Geschichte zum besten gab.
Axel lag derweil zu seinen Füßen und fraß gierig die trockenen Brotstücke und Wurstpellen, die ihm Wastl

hinunterreichte. Draußen auf dem Hof stand derweilen sein gefüllter Fleischnapf, unberührt.
Einmal aber wäre es mit Wastls Bierseligkeit beinahe schiefgegangen. Im tiefen Winter wankte er eines Nachts aus dem Gasthof und beschloß, den Weg zum Stall abzukürzen, indem er querfeldein ging. Plötzlich aber hatte er keinen Boden mehr unter den Füßen und versank bis über den Kopf im Schnee. Er war nämlich in das verschneite Schwimmbecken geraten, das hinter dem Gasthof lag. Seine Hilferufe verhallten ungehört, und mit Armen und Beinen um sich schlagend, geriet er immer tiefer in den Schnee. Axel saß am Rande des Beckens und sah sich die Sache ratlos an.
Schließlich, nach stundenlanger Quälerei, gelang es dem inzwischen todnüchternen Wastl, sich bis zu einem Rohr heranzuarbeiten, das in das Bassin führte. Dort blieb er erschöpft liegen, die halb erfrorenen Hände um das Rohr geklammert.
Unweigerlich hätte ihn die Winterkälte in kurzer Zeit für immer einschlafen lassen. Aber da war noch Axel! Er balancierte vorsichtig das Rohr hinunter, packte Wastl am Kragen und zog ihn Zentimeter um Zentimeter herauf. Ich habe mir die Stelle am anderen Morgen selbst angesehen. Es war fast unglaublich, was das Tier da an Arbeit geleistet hatte! Hundertmal mußte es abgerutscht und selbst im Schnee versunken sein, aber immer wieder grub, zerrte und schob es, immer wieder schüttelte es den Wastl, um ihn aus seiner schläfrigen Erstarrung zu wecken, bis es ihn schließlich mit dem Oberkörper auf ebener Erde hatte. Dann brach es erschöpft zusammen. Der Wastl aber konnte sich nun mit letzter Kraft herausziehen. Axel schlief danach zwei Tage lang. Seine Pfoten waren völlig blutig vom Scharren. Endlich erholte er sich, und am dritten Tag sah ich die beiden durch den Schnee von dannen ziehen, denn Wastl hatte sich im Anschluß an die Bassin-Affäre wieder verkracht und trug

seinen Kartoffelsack über der Schulter. Hinter ihm her, dicht auf seinen Fersen, trottete Axel glücklich hechelnd einem neuen Obdach zu. Ich sah ihnen nach, bis die beiden in der Ferne zu einem einzigen dunklen Punkt zusammenschmolzen. So, wie sie halt im Leben auch eins geworden waren.

Flocki

»Ja, verehrter Geheimrat, das ist nun ein klarer Fall, in dem der Freßtrieb und die volle Fleischschale verlassen werden um der gekränkten Liebe willen! Glauben Sie, daß es sehr viele Menschen gibt, die das auch so gehalten hätten?«

Wo ist denn der Geheimrat? Verschwunden. Vielleicht hat er aufgegeben. Na, dann unterhalte ich mich eben mit mir selber weiter. Wo waren wir stehengeblieben? Ach – bei der gekränkten Liebe.

Sie scheint überhaupt eines der stärksten seelischen Motive bei einem echten Hund zu sein.

Das war zum Beispiel . . . Mit einem Ruck wechselt die Vision, als habe man ein anderes Diapositiv in den Bildwerfer geschoben. Was ist denn das, dieses weiße Gepuschel, das mich gellend anschreit, als ich die Ladentür öffne und das heisere Scheppern der Klingel die Nachmittagsstille zerreißt?

Ein weißer Spitz, der natürlich Flocki heißt, kläfft zu meinen Füßen. Es ist nicht gerade jenes rasende, geifernde Kläffen, das er für Fremde bereit hat, denn wir kennen uns seit seiner frühesten Jugend, aber es besagt trotzdem und unmißverständlich: Bilde dir nur nichts auf unsere lange Bekanntschaft ein. Dienst ist Dienst. – Als ich mich hinunterbeuge und meine Hand kraulend in seinen strahlenförmig aufschießenden Haarpelz stecke, bleiben Flockis dunkle Augen unter der hochgewölbten Stirn ernst und ohne Sympathie auf mich gerichtet. Ich weiß, ich brauche nur im Scherz die Hand gegen sein Frauchen zu heben, und ich hätte seine Zähne in meinem Hosenbein. Er würde für seine Leute bis zum letzten kämpfen. Diese Treue ist um so bemerkenswerter, als Flockis Liebe vor einem halben Jahr auf eine schreckliche Probe gestellt wurde.

Frau Hagedorn, die Inhaberin des Ladens, kommt zum Vorschein. Sie ist eine bebrillte, rundliche Frau mit glattgescheiteltem, graumeliertem Haar. Ihr vier Jahre jüngerer Mann, ein kraftvoller blonder Bauer, besorgt die Landwirtschaft, die sie außerdem betreiben. Er hat so seine Freude an allerhand Experimenten, die aber immer irgendwie einträglich sind. Dabei kam er im vorigen Jahr auf die Idee, den Flocki zum Decken für die Spitzin des Hauptschullehrers herzugeben. Die Hochzeit ergab sieben kleine Spitze, darunter zwei Rüden. Den einen bot man Hagedorn wie üblich als Deckhonorar an. Nach echter zäher Bauernweise, die ungern auf etwas verzichtet, was ihr zusteht, hatte er dieses Honorar angenommen, es auf den Namen Flitz getauft und ins Haus gebracht. Der Flocki, so hatte er seiner Frau erzählt, werde den Kleinen sehr gern unter seine Obhut nehmen.

Es zeigte sich jedoch, daß Flocki von jener unbedingten Art war, aus der alle großen Liebenden geschmiedet sind. Er war nicht willens, auch nur ein kleines Stückchen vom Menschenherz und Haus an irgend jemand anderes abzutreten. Als man ihn mit seinem Herrn Sohn bekannt machte, blieben alle Versuche, in Flocki irgendwelche verwandtschaftlichen Sympathien zu erwecken, erfolglos.

Er beschnüffelte kurz seine sechs Wochen alte Miniaturausgabe, die sich neckisch vor ihm auf den Rücken warf und ihn dann in die Beine zwickte, und sah dann seinen Göttern in die Augen: Na und – was soll das?

Die Götter, die seine Abneigung bemerkten, legten sich beide auf den Fußboden und verhandelten mit Flocki. Er wurde gestreichelt, Flitz wurde gestreichelt, dann wurden beide zugleich gestreichelt, und es wurde dem völlig versteiften Flocki erzählt, was er – ei! – für ein goldiges, süßes, putziges kleines Söhnchen bekommen habe und daß er doch – ei-ei! – lieb zu seinem Spielgefährten sein solle.

Flocki jedoch legte weder Wert auf Söhne noch auf Spielgefährten. Er sah nur, daß da plötzlich noch jemand war, der außer ihm auch gestreichelt und frisiert und gefüttert wurde und daß damit sein ganzes, auf ausschließliche gegenseitige Liebe gegründetes Weltgebäude zusammengestürzt war.

Ich beobachtete, wie er den Flitz an diesem und den nächsten Tagen nachdenklich betrachtete, während er seinen babyhaften Annäherungsversuchen auswich. An der Faltung der Stirn und der Entblößung der Eckzähne merkte ich, daß er ernsthaft erwog, ihn abzuwürgen und damit den Fall zu erledigen. Dann aber siegte in ihm wohl die Überlegung, daß dieses kleine Purzel, das sich da gerade an ihm aufgerichtet hatte und ihm mit seinen Kinderpfoten ins Gesicht tatzte, an der Komplikation am wenigsten Schuld trug. So tat Flocki etwas anderes und nicht weniger Konsequentes, das gleichwohl alle Beteiligten aufs äußerste überraschte und rührte: er zog aus. Er nahm seinen alten Tennisball in die Schnauze und trabte die Straße hinunter bis ans Ende, wo der Kriegsinvalide Schmidt die Tankstelle hatte. Der saß gerade in seinem Glashäuschen, als Flocki hereinkam, ihm den Ball vor die Füße und sich selbst daneben legte, den Kopf auf den Pfoten und ab und zu tief seufzend.

Warum er sich gerade den Schmidt aussuchte, weiß niemand. Vielleicht weil der, wenn Hagedorn seinen alten Kombi bei ihm tankte, mit Flocki zu spielen und ihm ein Stückchen Zucker oder Schokolade zu geben pflegte. Vielleicht witterte er auch die liebeshungrige Einsamkeit in diesem Mann, dessen ganze Familie auf der Flucht aus Breslau verschollen war.

Jedenfalls nahm Schmidt zunächst an, daß der Hagedorn nun auch bald auftauchen werde. Als sich solches aber nicht ereignete und es sich offenbar nur um eine Laune des Hundes handelte, war der Schmidt ganz froh, Gesellschaft zu haben. Er streichelte Flocki, humpelte zum Fleischer hinüber und ließ sich ein paar Kalbsknochen geben. Flocki sah sich die Knochen an, fraß sie aber nicht und leckte nur dem Schmidt die Hand. Das Wasser, das ihm dieser darauf hinstellte, trank er dagegen in gierigen Zügen.

Schmidt, der erwartete, daß sich Flocki nun bald wieder Richtung Heimat trollen oder zumindest einen Spaziergang unternehmen würde, war baß erstaunt, als Flocki nichts dergleichen tat, sondern bei ihm blieb und gleich darauf einen Motorradfahrer, der zum Tanken hielt, anbellte. Er bewachte die Tankstelle! Das kam dem Schmidt nun doch komisch vor, und er rief beim Hagedorn an. Der kam voll bösen Gewissens gleich mit dem Wagen herunter, um seinen Spitz zu holen, aber Flocki ließ sich nicht von ihm greifen, sondern wich seiner ausgestreckten Hand aus. Als der Mann darauf wütend wurde, klemmte er den Plusterschwanz zwischen die Beine und rannte einfach weg, quer über die Wiesen bis in den Wald. Die beiden Männer, die ihm nachstarrten, sahen, wie er sich am Waldrand zwischen den Brombeersträuchern niedersetzte und zur Tankstelle hinüberstarrte.

»Was ist denn in den gefahren?« fragte der Schmidt.

Hagedorn zuckte die Achseln: »Wir haben uns vom Hauptlehrer einen Rüden als Bezahlung fürs Decken geben lassen. Flitz heißt er. Sind ja schließlich wertvolle Tiere, der Flocki und die vom Lehrer. Das läßt man sich doch nicht entgehen!«

»Aha«, sagte der Schmidt, nahm die Mütze ab, kratzte sich den Kopf und grinste Hagedorn an: »Na, dann wird euch wohl nichts anderes übrigbleiben, als den Flitz wie-

der zurückzuschicken. Denn der Flocki, der hat Charakter!«
Der Hagedorn aber kniff die Augen zusammen und schob das Kinn vor: »Quatsch. Der kommt schon wieder, wenn er sich ausgebockt hat. Gibst mir zehn Liter?«
»Gern. Du mußt ihn ja kennen.«
Aber Flocki kehrte nicht zurück. Gegen Abend, als der Schmidt die Pumpe und das Büro abschloß, war der Spitz wieder bei ihm. Er saß aufmerksam da und schaute den Schmidt fragend an: Nimmst du mich mit, oder soll ich im Wald schlafen? Der Schmidt nahm ihn mit. Daheim bot er ihm noch mal die Kalbsknochen an, aber Flocki verschmähte sie abermals. Darauf machte ihm der Schmidt aus zwei Kissen ein Lager vor seinem Bett. Flocki legte sich sofort darauf und bedankte sich mit einem schwachen Wedeln. Der Schmidt schloß die Tür ab, klemmte sich aufs Fahrrad und radelte zu den Hagedorns. Dort war ganz offenbar dicke Luft. Der Bauer saß mit rotem Kopf und vorgeschobenem Kinn am Tisch, und seine Frau, die Ladnerin, fuhrwerkte nebenan in der Küche mit den Töpfen herum, daß es nur so schepperte. Als der Schmidt sich hingesetzt hatte, steckte sie den Kopf herein: »Hast den Flocki gesehen?«
»Freilich. Der ist bei mir.«
Jetzt kam sie ganz in die Stube: »Was macht er?«
»Liegt auf 'nem Kissen vor meinem Bett.«
»Hat er gefressen?«
»Nix.«
Die Frau wandte sich zu ihrem Mann um: »Hast das gehört?«
»Freilich. Bin ja nicht taub.« Er schlug plötzlich mit der Faust auf den Tisch: »Soll bleiben, wo er ist, der Malefizköter! Den Flitz geb ich nimmer her, daß d' dös weißt!«
Der Schmidt versuchte sich einzuschalten: »Da im Schlafzimmer hör ich's mauzen. Ist er das?«

Hagedorn stand auf: »Ja, das ist er.« Er öffnete die Tür: »Komm, mein Hund!«
Das Hundl erschien im Rückwärtsgang, einen Pantoffel des Hausherrn hinter sich herschleifend. Die Hälfte des Absatzes hatte er schon von der Sohle abgerissen. Er legte ihn Hagedorn vor die Füße und sah mit seinen veilchenblauen Kinderaugen vertrauensvoll zu ihm auf: Wenn du mir 'n bißchen hilfst, schaff ich auch die zweite Hälfte!
Der Bauer wurde rot: »Ja, Himmiherrgottkruzitürken, Sauviech, elendigs!« Er riß Flitz den Pantoffel weg, hob ihn am Genick hoch und schüttelte ihn. Als Ergebnis dieses Erziehungsversuchs entschlüpften der hinteren Körperöffnung des weißen Bündels zwei Würstchen, die auf den Teppich kollerten. »Gibt's denn so was!« stöhnte der Bauer und setzte ihn schleunigst wieder hin. Flitz blieb wie angenagelt sitzen und umgab die beiden Würstchen mit einem See, so daß sie nun wie Inseln aussahen.
Die Ladnerin stemmte die Arme in die Seiten und lachte schallend: »Dein Gesicht müßtest im Spiegel sehen, Josef! So dumm hast seit Jahren nicht ausgeschaut!«
Der Bauer grinste plötzlich zum Schmidt hinüber: »Wahrscheinlich nicht, seit ich sie geheirat' hab!«
»So!« sagte die Frau und legte sich ein Tuch um. »Jetzt hol ich mir das Radl, Schmidt, und dann fahren wir zum Flocki!«
Beim Schmidt aber blieben alle Versuche der Frau, den Hund in Güte heimzuholen, vergeblich. Wenn sie mit ihm redete, sah er sie aufmerksam, aber unendlich traurig an. Wenn sie ihn streichelte, leckte er ihr die Hand. Aber er kam nicht weiter als bis zur Schwelle, und als sie ihn an die Leine nehmen wollte, warf er sich hin und ließ sich schleifen.
»Hat, glaub ich, keinen Zweck«, sagte der Schmidt. Die Frau seufzte und schaute auf den Hund, der sich wieder auf dem Kissen zusammengekringelt hatte. »Na schön,

behalt ihn hier. Ich schau daheim, daß ich ...« Und damit fuhr sie fort.

Als der Schmidt im Bett lag und sich müde gelesen hatte, gähnte er, legte die Brille weg und schaute sich dann den Hund an. Der lag bewegungslos mit offenen Augen da. Schmidt schlug auf sein Bett: »Na – hoppchen?« Aber der Spitz wedelte nur demütig und blieb auf seinem Kissen, den Kopf auf den Füßen. Er seufzte wieder tief.

»Also, dann nicht«, sagte der Schmidt und löschte das Licht. Aber er konnte lange nicht einschlafen und mußte immer auf die Atemzüge des anderen Wesens lauschen, das da in der Dunkelheit bei ihm lag. Wie viele hundert Jahre schien es her, daß er einen anderen Atem neben sich gehört hatte. – Die Frau, das Annerl, der Hans. – Wenn er doch den kleinen Kerl dabehalten könnte! Aber die Hagedorns würden ihn bestimmt holen.

Und plötzlich wußte er, daß er nicht mehr allein schlafen konnte, so ohne einen anderen Atem. Und da kam ihm eine Idee. –

Man weiß nicht, was die Ladnerin ihrem Mann in dieser Nacht alles erzählt hat. Auf jeden Fall erschien er am nächsten Morgen beim Schmidt in der Tankstelle, wo Flocki unter dem Tisch lag. Der Bauer vermied seinen Blick und kratzte sich den Kopf: »Ich möcht ihn heimholen.«

Der Schmidt kniff die Augen zusammen: »Er wird wieder weglaufen. Er hat Charakter.«

»Ich geb den Flitz weg.«

»An wen denn?«

»Na – zurückgeben werd ich ihn halt.«

Der Schmidt holte tief Atem: »Magst ihn nicht mir geben? Viel zahlen kann ich natürlich nicht, aber ...«

Der Bauer sah ihn verblüfft an, dann klärte sich sein Gesicht auf: »Daran hab ich noch gar nicht gedacht! Ja, das ist eine Idee! Wo du doch so allein hier bist und so gut zu den Hundln ...«

»Wegen dem Preis«, fing der Schmidt wieder an, aber der Bauer winkte ab: »Ich hab ihn umsonst gekriegt, da will ich nix dran verdienen.«
»Dann will ich dir was sagen«, meinte der Schmidt und war nun ganz aufgeregt. »Geh nach Haus und bring den Flitz her.« Er legte den Kopf schief: »Dann geht der Flocki bestimmt mit dir mit!«
Und so geschah es. Fünf Minuten später war der Hagedorn mit dem Flitz da. Flocki stand auf, sah sich ratlos um und warf dem Schmidt einen todestraurigen Blick zu: Jetzt läßt du mich auch noch im Stich!
Hängenden Kopfes ließ er sich von seinem Herrchen an die Leine nehmen und trottete mit ihm von dannen. Der Schmidt griff sich den Flitz und setzte sich mit ihm an den Schreibtisch: »Zu Haus, da hab ich noch ein Paar schöne, alte Pantoffeln! Und hier bei mir bist überhaupt besser aufgehoben, das kannst mir glauben!«
Flocki wurde derweilen zu Hause mit einer vollen Fleischschüssel empfangen, umarmt, gestreichelt, auf das hohe Köpfchen geküßt und auch sonst in jeder Weise wie ein rohes Ei behandelt. Wenn die Hagedorns jedoch geglaubt hatten, daß er sich nun aufatmend wieder in das Familienleben stürzen werde, so hatten sie nicht mit Flockis Charakter und der Tiefe seiner Verwundung gerechnet. Er würdigte das Fleisch keines Blickes und ging statt dessen erst mal auf Inspektion. Er untersuchte das ganze Haus vom Keller bis zum Dachboden, ob nicht der Flitz doch irgendwo versteckt sei und noch einmal über ihn hereinbrechen könnte. Aber auch nachdem er festgestellt hatte, daß das kleine alberne Bündel mit den spitzen Kinderzähnen nirgends mehr war, hielt er Abstand von seinen Leuten. Es war, als ob ihn eine unsichtbare Hand immer wieder zurückrisse, sobald sich die alte, bedingungslose Vertrautheit wieder einzustellen pflegte. Manchmal sprang er auf Frauchens Schoß, aber dann geriet er wieder an die Teppichstelle, wo Flitz vor Angst

Ballast abgeworfen hatte, und dann war es für den Rest des Tages erneut vorbei. So blieb nichts anderes übrig, als den entweihten Teppich in das Gastzimmer zu schaffen.

Fast ein halbes Jahr dauerte es, und dann, eines Tages, als ob es in ihm einen Ruck gegeben hätte, war er wieder der alte. Von diesem Moment an bewachte er wieder Haus und Hof und behandelte auch die altgewohnten Kunden mit Mißtrauen – so wie jetzt mich, als ich mich im Laden zu ihm hinunterbeuge.

Susi

Da ist wieder das spitzbärtige Gesicht. Aber es ist keineswegs mehr spöttisch, sondern ziemlich nachdenklich. »Das ist natürlich auf den ersten Blick eine klare Widerlegung meiner Ansicht, lieber Bentz. Seelische Kränkung siegt über Freßinstinkt. Aber wenn Sie tiefer schürfen, müssen Sie zugeben, daß die Kränkung wiederum aus dem Freßinstinkt wächst. Aus dem gekränkten Freßinstinkt. Bis dato wurde Flocki allein gefüttert. Dann aber kam da plötzlich ein anderer Hund, der auch gefüttert wurde. Es fehlte Flocki die Intelligenz, zu begreifen, daß ihm trotzdem nichts abgezogen werde. Der Hund denkt mit der uralten Steppenlogik, und die sagt ihm, daß dort, wo ein zweites frißt, weniger für das erste bleibt. Ganz automatisch also zieht er daraus die Konsequenz und verläßt das Haus, in dem er nicht mehr der einzige Fresser ist.«

»Einen Augenblick, Verehrtester. Ich sehe etwas ganz anderes – sehen Sie es nicht auch?«

Die Stirn mir gegenüber furcht sich, und die knallblauen Augen dringen bis in die Tiefe meiner Erinnerung: »Ja – ich sehe, was Sie sehen – eine kahle Bergkuppe, mit zwei Häusern – hoher Tannenwald weiter unten – könnte Schwarzwald sein.«

Es ist der Schwarzwald. Das Haus näher dem Wald zu gehört dem jungen Komponistenpaar Rita und Carlos. Dann kommt die alte, unkrautüberwachsene Kiesgrube und dann das andere Haus, das einer zierlichen alten Dame gehört, meiner Tante Friederike. – Sie sitzt auf ihrer Terrasse, trinkt Tee und liest. Über den Buchrand hinweg aber sieht sie immer wieder zu dem anderen Hause hin, aus dessen Fenstern Klaviermusik tönt. Immer von neuem – etwas variiert – dieselbe Passage. Jetzt bricht sie mit einer ärgerlichen Dissonanz ab. Tante Friederike lächelt. Deutlich sieht sie Carlos' hübsches, dunkles Gesicht vor sich, wie er wütend an seiner Pfeife pafft, während er in der Partitur radiert. Dann umwölkt sich ihr Gesicht. Sie muß an Rita denken, die gestern ziemlich bedrückt herüberkam und über einen dumpfen Schmerz in der Magengegend klagte. Sie habe natürlich Carlos nichts gesagt, er sei so in seine Sinfonie verbissen. Der Schmerz aber werde nun unerträglich. Tante Friederike hatte ihr dringend geraten, zum Arzt zu fahren, und tatsächlich sah sie vor einer Stunde Ritas kleines blaues Kabriolett den Berg hinunter in die Stadt fahren. Wenn es nur nichts Ernstes ist. – Sie liebt diese beiden Menschen wie ihre eigenen Kinder.

Nun aber hellt sich ihr Gesicht wieder auf. Drüben in der offenen Haustür ist eine kleine braune Gestalt erschienen, die neun Jahre alte Pudelhündin Susi. Sie steht da mit ihrem hohen Lockenköpfchen und den lustigen dicken Haarpuffen an Schultern und Schenkeln und wittert mit ihrem spitzen Näschen in die heiße Frühjahrsluft. Dann schaut sie sich noch einmal im Innern des Hauses um, als wolle sie sich vergewissern, daß man augenblicklich wirklich keine Verwendung für sie habe, und trabt dann in zierlichem Balletteusenschritt auf das andere Haus zu. Eine Weile nuschtert sie in Tante Friederikes Garten umher, weil es sich doch nicht schickt, so direkt auf den Zweck des Besuchs – nämlich das Teegebäck –

zuzusteuern. Es gehört zum Ritus, daß Tante Friederike ihren Besuch anscheinend nicht bemerkt und erst nach einer Weile sehr überrascht ruft: »Ja, Susi – da bist du ja, willst du nicht heraufkommen?« Susi tut dann auch sehr überrascht, wedelt kurz und ersteigt die Terrasse. Zwischendurch wirft sie einen Blick auf ihr Haus zurück und sieht dann Tante Friederike bedachtsam an: »Aber nur auf einen Augenblick, meine Liebe, du weißt, daß ich diese beiden Kinder da drüben nicht lange allein lassen kann!«

Dann trabt sie, ihre spitzen Füßchen unter den braunen Pluderhosen kokett übereinandersetzend, auf Friederike zu, läßt sich klopfen, leckt ihr die Hand und wartet, bis ihr der Besuchsstuhl richtig hingerückt wird. Mit einem eleganten Hupf ist sie oben und übersieht anscheinend teilnahmslos den Tisch. Ganz allerdings kann sie sich nicht beherrschen, denn als ihr Blick das Teegebäck trifft – besonders die braunen, dünnen Herzen mit den Zukkerkristallen –, leckt sie sich den Schnurrbart.

»Möchtest du nicht etwas Gebäck?« fragt Tante Friederike. Susi schlägt die Augen nieder und zeigt sich unentschlossen: »Ach, ich weiß nicht recht ...« Worauf ihr Friederike ein Herz hinhält. Susi nimmt es mit zärtlichem Biß aus ihrer Hand und knuspert es wohlerzogen, hinterher jeden Krümel vom Kissen leckend. Und dann verbleiben die beiden alten Damen in stillem Geplauder ihrer Herzen, das ab und zu nur durch ein Kuchenherz unterbrochen wird. Von drüben her schallt das Klavierspiel Carlos' durch den stillen Nachmittag. Ab und zu pfeift er ein paar Takte, und Susi legt jedesmal den Kopf schief, ob es vielleicht ihr gelte. Immer aber stellt sie fest, daß das nicht der Fall ist.

Als es schon zu dämmern beginnt und sich ein kühler Wind auftut, wird sie jedoch unruhig, und dann plötzlich, ohne daß Friederike etwas gehört hat, ist Susi vom Sessel herunter und saust durch den Garten auf den Weg. Dort

bleibt sie wedelnd stehen, bis der kleine blaue Wagen an der letzten Kurve auftaucht. Rita fährt jedoch nicht in ihre Garage, sondern bremst vor Tante Friederikes Gartentür. Fast hätte sie das Tierchen dabei überfahren. Nun springt sie aus dem Wagen, reißt die Hündin mit einer wilden Bewegung hoch, küßt sie, kommt mit ihr im Arm auf die alte Dame zu, die an die Gartentür gelaufen ist. Die beiden Frauen sehen sich an. Langsam setzt Rita den Hund wieder hin, richtet sich auf. Ihr Gesicht ist ganz klein und ihre Augen riesengroß und dunkel.
»Tante Friederike ...«
Die alte Dame legt die welke, zitternde Hand an das Gesicht der Jungen: »Schlimm, mein Kind?«
»Ich fürchte. Der Arzt hat mich zwar getröstet, aber es war ein ziemlich mißlungener Versuch. Auf jeden Fall muß ich schleunigst operiert werden – am Magen.« Plötzlich bricht sie in Tränen aus: »Wie soll ich das nur Carlos sagen – er begreift das doch gar nicht! Er war doch nie krank.«
Sie hängt am Hals Tante Friederikes. Die streichelt ihr den Rücken, und in ihren blassen, alten Augen ist aller Gram der Welt. »Ich spreche mit ihm, mein Kind.«
Susi hat sich an Frauchen aufgerichtet, und während ihre spitzen Pfoten an dem Gürtel kratzen, stößt sie ein merkwürdiges, dünnes Winseln aus. Rita löst sich aus der Umarmung, sieht sie entsetzt an und wendet dann den Blick langsam der alten Dame zu: »Sie weiß!« Ihre eiskalte Hand krallt sich um die Friederikes: »Sollte mir etwas passieren – versprich mir, daß du dich Susis annimmst!«
»Ich will so einen Unsinn nicht hören!«
»Versprichst du es?«
»Ja.«
Vier Wochen später war Rita tot. Magenkrebs. Die Operation kam zu spät. Carlos, gebrochen und über Nacht ergraut, verkaufte das Haus, in dem ihn alles an die Geliebte erinnerte, gab Susi an Friederike und begann ein

ruheloses Reisen, als könne er dadurch seinem Schmerz entfliehen.

Tante Friederike übernahm die Hündin. Nach den allgemeinen Erfahrungen hätte man annehmen sollen, daß sie sich nach einigen Tagen des Kummers in dem schon vertrauten neuen Heim zurechtgefunden hätte. Auch dort gab es ja eine schöne Couch, auf der man sich am Tage herumfläzen konnte, und auch dort durfte man nachts in Frauchens Bett schlafen. Aber Susi, das verzärtelte, kleine Wesen, begann zwar nach einer Woche wieder zu fressen, sprang auch mitunter auf die Couch und begleitete Tante Friederike brav auf ihren Spaziergängen. Aber sie trottete nur so mit, still, mit gesenktem Kopf und eingezogenem Schwänzchen. Wenn jedoch die Nacht kam, war sie nicht mehr in dem neuen Haus zu halten. Statt dessen hatte sie sich in der verlassenen Kiesgrube eine Höhle gegraben, und dort wohnte sie, das verwöhnte Schoßhündchen, durch den großen Schmerz offenbar wieder auf ihre Ur-Instinkte zurückgeworfen.

Als der Herbst sich nahte, war Susi von der Nachtkälte so steif, daß sie sich kaum bewegen konnte. Weder Zureden noch Güte, noch sanfte Gewalt konnten sie aber von dieser selbstgewählten Lebensweise abbringen, die ja eigentlich nur noch ein Vegetieren war. In das alte Haus konnte sie nicht mehr. In das neue aber, das ihr weit und warm offenstand, wollte sie nicht. Das wäre ihr wie Verrat vorgekommen. So blieb sie in ihrer Grube, und Tante Friederike war darauf gefaßt, sie eines Morgens dort tot zu finden.

Bis sich eines Tages folgendes ereignete: Bei Tante Friederike tauchte die Schulfreundin Therese auf, seit ihrer Schulzeit die »Schussel-Liese« genannt, weil sie so verfusselt war und sich alle Augenblicke voller Begeisterung auf etwas Neues stürzte, dessen sie ebenso schnell wieder überdrüssig wurde. Genau wie Tante Friederike stand sie allein in der Welt, und ihr neues Hobby hieß

»Hund«. Das Ergebnis war ein jetzt drei Monate alter schwarzer Cocker, den sie wegen seiner jugendlichen Rundlichkeit Plumps getauft hatte. Programmgemäß war sie seiner bereits müde, weil Plumps, ein sehr energischer und ungeheuer unternehmungslustiger junger Mann, ihr nicht im geringsten gehorchte und sie »ganz wahnsinnig« machte. Vielleicht fühlte sie sich von ihm durchschaut. Jedenfalls wurde Tante Friederike in aller Form gebeten, ihn doch zu übernehmen.

Tante Friederike erzählte, daß sie schon einen Hund habe und auf welch tragische Weise sie dazu gekommen sei.

Therese starrte die Schulfreundin mit ihren immer noch schönen und vor vierzig Jahren in der Männerwelt berühmten braunen Augen verwirrt an: »Ach, du liebe Güte – ja, da wirst du ja Plumps gar nicht gebrauchen können!«

Die Unterhaltung fand am Abend statt, als Susi schon in ihrer Höhle verschwunden war. Tante Friederike seufzte und schaute durch den dunklen Garten zur Kiesgrube hinüber: »Ich glaube nicht, daß Susi ihn mag. Schon aus Eifersucht. Das einzige, was sie an mich und das Haus hier bindet, ist das gute Fressen. Wenn jetzt noch ein anderer mitfrißt ... Wir werden es ja sehen, wenn sie morgen kommt.«

Am anderen Tag hatte der Herbst noch einmal fast sommerliche Wärme spendiert. Die beiden alten Damen saßen auf der Terrasse beim Kaffee, vor ihnen schlabberte Plumps einen Teller Milch leer, wobei er die Milch mit seinen langen schwarzen Ohren umrührte. Er war nicht recht bei der Sache. Zwischendurch hatte er schon einmal eine Eidechse gejagt und dann mit Thereses Schuh Maus gespielt. Sie stieß ihn heftig zur Seite und sah überhaupt sehr blaß aus. Es war wieder mal eine stürmische Nacht mit Plumps gewesen.

»Da kommt sie!« sagte Tante Friederike. Von der Kies-

grube her kam steifbeinig und mit verwüsteter Tolle Susi.
»Komm her, mein Kind«, rief Tante Friederike, »wir wollen dich erst mal frisieren, wie siehst du denn aus, mein Armes!«
Aber Susi blieb wie angewurzelt stehen und sah sich den schwarzen, langbeohrten Schmerbauch an, der da im Milchteller herumschnurchelte. Jetzt hatte er sie, aufblikkend, gesehen und sauste sofort im gestreckten Galopp mit seinen dicken kurzen Gummipfoten auf sie zu.
Susi wich indigniert zurück, aber das dämpfte Plumps' Begeisterung keineswegs. Er wackelte mit dem Schwanzstummel und dem ganzen Hinterteil, zauste sie in der Perücke und warf sich, als sie ihm einen Biß versetzte, vor ihr auf den Rücken. Susi schickte einen kurzen Blick zu Friederike und beroch dann vorsichtig den molligen und teilweise noch kaum behaarten Kinderbauch. Plumps derweilen tätschelte ihr mit den Knuddelpfoten zärtlich das Gesicht und leckte ihr die Schnauze. Susi stieg – offensichtlich verwirrt – über ihn hinweg und inspizierte dann den Milchteller. Plumps rutschte demütig hinter ihr auf dem Bauch her und begann, während sie den entweihten Teller beschnupperte, vorsichtig ihren Hinterfuß zu kauen. Dann fiel auch ihm wieder die Milch ein. Er drängte sich an ihr vorbei und steckte seinen dicken Kopf in die herrliche weiße Flüssigkeit. Schnaubend und bekleckert tauchte er wieder daraus auf, und da geschah etwas Seltsames: Susi begann, ihm die Milch von Ohren und Schnurrbart zu lecken, gab ihm dann mit der Pfote einen Stups, daß er auf den Rücken fiel, und lackierte nun auch seinen Bauch.
Plumps schloß vor Wonne die Augen und zog die Pfoten an. Dann war er mit einem Ruck wieder auf den Beinen und suchte an Susis Gesäuge. Als er nichts fand, hängte er sich an den Tischtuchzipfel. Therese kreischte, und Tante Friederike konnte gerade noch den Abmarsch des

Geschirrs stoppen. Ein hölzerner Serviettenring, ein kunstvoll geschnitzter, noch aus ihrer Jugendzeit, kullerte jedoch auf die Erde. Plumps hatte ihn sofort und galoppierte damit von dannen. Susi, aus deren Gliedern plötzlich die Steifbeinigkeit verschwunden war, sprang hinter ihm her, überholte ihn, warf ihn um, daß er den Ring fallen ließ, und dann begannen sie beide damit zu spielen, bis nur noch einzelne Splitter davon übrig waren.

»Dein schöner Ring!« klagte Therese. »Nun siehst du ja, was das für ein Teufel ist! Jetzt kannst du mich vielleicht verstehen!«

Aber Tante Friederike lächelte nur und sagte: »Ich werde den Kleinen behalten – vielleicht behalte ich dann auch Susi.«

Sie hatte recht. Als am späten Nachmittag die Schussel-Liese abgereist war und Tante Friederike den Dicken in einem alten Nähkörbchen vor ihrem Bett verstaut hatte, war Susi immer noch da. Sie ging ziellos und offensichtlich verlegen umher. Aber Friederike tat, als bemerke sie das gar nicht, sondern schlug die Decke am Fußende ihres Bettes zurück und klopfte darauf: »Hopp, Susi!« Die Hündin sah sich noch einmal den schnarchenden Dickwanst an und setzte dann über ihn hinweg mit einem Sprung auf das Bett, wo sie sich zusammenkringelte. Und als Friederike selbst ins Bett stieg und die Decke sorgsam auch über sie breitete, entrang sich dem Tier ein unendlich wohliges Seufzen.

Von diesem Tage an widmete sich Susi unablässig der Erziehung von Plumps. Sie wurde richtig noch einmal mit ihm jung. Heute ist Susi dreizehn Jahre alt, aber noch immer sieht man ihr das Alter nicht an, wenn sie an der Seite des nun fünfjährigen massiven Plumps auf der Bergkuppe zwischen den beiden Häusern herumtollt. Nur manchmal bleibt sie stehen und hat so einen kleinen Anfall von Herzasthma. Dann wandert sie wohl in die alte überwachsene Kiesgrube und ruht sich aus. Plumps unterbricht sein Jagen, kommt zu ihr, leckt ihr die hohe Tolle und setzt sich dann neben sie.

»Das also wäre der Fall Susi. Er liegt, wie Sie sehen, genau umgekehrt wie der Fall Flocki. Eifersucht oder – wie Sie es nennen – Freßneid gegenüber einem Jungen wird überwunden, die triumphierende Liebe, das Erbarmen mit dem Hilflosen siegen und schenken Susi als gerechten Lohn eine neue Heimat und eine zweite Jugend.
Wie – was sagen Sie, Herr Geheimrat? Ich kann Sie nicht sehen! Nur so ganz undeutlich – wie ein Sternbild wirkt Ihr Gesicht augenblicklich – und Sie sprechen so weit weg.« –
Da sehe ich noch einmal das Gesicht ganz deutlich vor mir. Es lächelt etwas ironisch, aber dieses Lächeln ist schon nicht mehr von dieser Welt: »Kann sein, daß Sie recht haben, lieber Bentz. Und wenn dem so ist, dann werde ich wohl, wenn ich wirklich drüben angekommen bin, einiges nachzulernen und abzubüßen haben!«
»Das glaube ich nicht, Verehrtester«, höre ich mich sagen. »Und soll ich Ihnen sagen, warum Sie seinerzeit so gegen die Vermenschlichung der Tiere waren? Es war eine Art Selbstschutz aus Liebe zu den Tieren! Weil es Ihr Beruf doch mit sich brachte, daß Sie viele von ihnen der Freiheit berauben und hinter Gittern halten mußten. Aber auch das wird man Ihnen da drüben nicht ankreiden, denn andererseits haben Sie als gütiger Mittler zwischen Tier und Mensch so viel Verständnis und Liebe für das Tier geweckt, ein ganzes langes Menschenleben hindurch ...«
Er unterbricht mich durch ein lautes Lachen: »... daß man mich am Jüngsten Tag bestimmt zum Ehren-Ur-Viech ernennt – hahahaha!«
Das Lachen gellt in mir nach, ich fahre hoch und bin nun endlich wach. Weffi und Peter springen entsetzt von der Couch, schütteln sich und sehen mich fragend an. Dann

weiß ich, was das Lachen war – das Gackern eines Huhns auf dem Hof des Nachbarn. – Ja – ein merkwürdiger Traum.

Max und Hasso

Ich kann mich jedoch noch nicht von ihm trennen und denke in seiner Bahn weiter. Es ist schon eine sonderbare Sache mit dem Hund und dem Menschen!

Wenn ich mir all das überlege, was mir so in meiner traumhaften Rückschau durch den Sinn gezogen ist, kann ich eigentlich nicht mehr daran zweifeln, daß der Hund das hat, was wir bei uns Seele nennen. Ja, er hat es sogar vielfach in chemisch reinerer Form. Bei uns sind doch die großen Leidenschaften und Gefühle, die heroischen Entschlüsse angefressen und verkrüppelt durch Profit-Denken, abstrakte Erwägungen, kleinliche Rücksichten und den bequemen Ausweg der Lüge gegen uns selbst und andere.

Der Hund ist weder ein Automat noch ein dumpfes Instinktwesen. Natürlich reagiert ein großer Teil seines Wesens instinktiv. Aber ist das nicht auch bei uns der Fall? Nur, daß unsere Instinkte verkümmert sind und es sehr oft Fehlschaltungen gibt, Verwirrungen und Maskierungen.

Genau wie wir aber ist doch der Hund einer Handlung fähig, die seinen Instinkten und automatischen Reaktionen strikt zuwiderläuft. Und eben das ist, wie gesagt, eine Offenbarung dessen, was wir Seele nennen. Diese Seele ist in ihren Äußerungen genauso hundertfach individuell variiert wie die des Menschen, und ebenso ist auch die Erscheinung des Hundes genauso variiert wie die des Menschen. Wie es bei uns Pygmäen und Riesen gibt, Dicke und Dünne, Schwarz-, Blond-, Braun- und Rothaarige, Gelbe, Rote, Weiße, so ist vom Schöpfer auch die Idee »Hund« in tausend verschiedenen Formen in die Erscheinungswelt projiziert worden.

Aber die Parallelität des Hundes mit dem Menschen, so grübele ich weiter, beschränkt sich ja nicht nur auf Instinkte, Seele und Vielfalt der äußeren Erscheinung, sondern sogar in der Sphäre der Intelligenz und des konsequenten Denkens hält der Hund noch eine Strecke mit uns Schritt.

Ich muß dabei an den Kerry-Blue Max denken, der unten im Haus an der Straßenkreuzung lebt. Er hatte vor ein paar Monaten eine langwierige Muskelentzündung am Hinterbein. Die Behandlung war sehr schmerzhaft, und nach jedem Arztbesuch mochte Max den Tierarzt weniger. Jedesmal, wenn er kam, flüchtete Max. Er rannte bis an Frauchens Schlafzimmertür, richtete sich hoch, klinkte auf und schlüpfte ins Zimmer seiner Beschützerin und guten Göttin. Bis hierhin ist das nichts Besonderes. Wenn Max aber dann im Zimmer war, warf er sich von innen wieder gegen die Tür und schloß sie: »Bin für diesen Herrn nicht zu sprechen!«

Und da war doch vor einiger Zeit eine für das logische Denken des Hundes noch viel bezeichnendere Meldung in der Presse. Wolfshund Hasso war mit den Buben der Familie aufgewachsen und hatte die Rolle ihres Beschützers übernommen. Er begleitete die beiden auch, als sie eines Tages rodeln gingen. Während sie freudejauchzend immer wieder einen kleinen Abhang hinunterfuhren, saß er mit gespitzten Ohren im Schnee und verfolgte aufmerksam jede Bewegung der Kinder. Denen aber wurde die sanfte Abfahrt allmählich langweilig. Wieviel schöner, aufregender war's doch, nach der anderen, steileren Seite abzufahren! In ihrem jugendlichen Unverstand störte es die Buben gar nicht, daß am Ende dieser Abfahrt ein tiefer Abgrund gähnte.

Hasso versuchte, die beiden durch Anspringen und Bellen am Start zu hindern. Als die Lausbuben sich aber nicht um ihn kümmerten, sprang er ihnen mühsam durch den Schnee voraus, dem Abhang zu und erwartete sie dort.

Die beiden fuhren ab, ehe die anderen Kinder, die mit ihnen rodelten, die Gefahr erkannten. Als die dann anfingen, vor Entsetzen zu schreien, schien es schon zu spät. Ein paar Meter vor dem Abgrund jedoch sprang ihnen Hasso in den Weg und warf sie um. Die Buben fielen in den Schnee, der Schlitten zerschellte in der Tiefe. Den Schlitten umwerfen – kein Mensch hätte im Sekundenbruchteil des Entschlusses etwas Gescheiteres tun können. –

Unser geheimnisvoller Freund

Ja, das vermag der Hund, unser Freund und Begleiter seit frühesten Tagen. Und wie ich dem so nachsinne, ersteht vor mir der ganze Weg des Lebens auf unserem Planeten, die geheimnisvolle Rolle, die der Mensch dabei spielt und die noch seltsamere Rolle des Hundes als seines Gefährten.

Wir wissen heute schon ziemlich viel über diese Dinge. Die Anfänge des Lebens reichen viel weiter – wahrscheinlich mehr als zwei Milliarden Jahre – in die Vergangenheit unseres Planeten zurück. Da, wo wir früher eine äonenlange Zeit toter Materie annahmen, hat die Forschung der jüngsten Zeit schon Spuren des Lebens entdeckt. Innerhalb dieses Lebens aber gab es immer wieder Spitzenreiter, gleichermaßen Pioniere des Lebendigen, die höhere, in die Zukunft weisende Formen entwickelten, die apokalyptische Erdkatastrophen überwanden und immer wieder das Leben in neue Zwischenabschnitte hinüberretteten. Und diese Spitzenreiter, diese faustischen Pioniere des Lebens waren in gewissem Sinne unsere Ahnen, der rote Faden immer neuer Schöpfung.

Da haben wir vor fünfhundert Millionen Jahren zum Beispiel das – heute noch lebende – Lanzett-Fischchen, das zum erstenmal eine Art Rückgrat entwickelte und damit sozusagen den ersten Baustein zum Menschen lieferte. Im Laufe vieler weiterer Jahrmillionen traten dann immer neue solcher »Bausteine« zutage, bis wir bei einem – ebenfalls heute noch lebenden – Kleinäffchen, dem gespenstisch aussehenden Kobold-Maki, zum erstenmal ein Gehirn mit typisch menschlichen Konstruktionsmerkmalen finden. Das ist ungefähr sechzig Millionen Jahre her. Und dann schält sich immer schärfer aus der Vorhut der Lebensentwicklung der Mensch heraus. Vor rund zwanzig Millionen Jahren lebte ein Wesen, das sein Entdekker nach seinem Lieblings-Schimpansen Konsul den »Pro-Konsul« nannte. Es steht schon absolut auf der Grenze zwischen den sogenannten Primaten, wie Orang-Utan, Gorilla und Schimpanse einerseits und dem Menschen andererseits.

Immer schneller wird die Entwicklung, immer stärker entwickelt sich bei diesen Pionierwesen die graue Zellmasse des Neuhirns, wird zu ihrer dominierenden Eigenschaft. Zwei Millionen Jahre zurück finden wir schon aufrecht gehende Halbmenschen, die mit Antilopenknochen als Waffen andere Tiere erschlagen. Schließlich, vor ungefähr zweihunderttausend Jahren, hat sich ein Wesen herausgeschält, das Feuer entzündet, Steinwaffen zurechtschlägt und die Wände seiner Höhle mit Zeichnungen von Tieren und Menschen bedeckt. Der wirkliche Mensch, der Homo sapiens, ist als oberste Spitze des unendlich verästelten Lebensbaumes in Erscheinung getreten.

Und was ist aus dem übrigen Leben geworden? Nun, es hat sich eben auf dem Weg zu dieser Spitze »verästelt«, das heißt, es hat sich auf dem unendlich langen Weg bis zur Gegenwart auf seine jeweilige Aufgabe und Umgebung spezialisiert. Es hat darin Vollendung und Zufriedenheit gefunden, ist damit aber zugleich aus der Vorhut ausgeschieden. Ganz zuletzt noch sind die Primaten, Gorilla, Orang und Schimpanse, auf diese Weise abgeschwenkt. Sie haben ihren Körperbau für ihre spezielle Lebensweise »modernisiert«, sind aber dabei stehen-

geblieben. Übrig blieb allein der Mensch, als ein seltsam faustisches Zwitterwesen, in seinem Körperbau viel altertümlicher und hilfloser als diese Großaffen, aber durch sein Gehirn in ewigem Forschungs- und Entwicklungsdrang in unstillbarer erhabener Neugier vorwärtsgetrieben. Immer wilder wird dieser Drang, immer rasender die dadurch ausgelöste Entwicklung, die jetzt schon nach den Ur-Elementen und den Sternen greift. Und immer weiter sinkt hinter dem Menschen die Tierwelt zurück, der er entwachsen. Immer tiefer wird die Kluft zwischen den beiden, gleich zwei Kontinenten, die, auf dem glühenden Magma des Erdinnern auseinandertreibend, durch einen immer gewaltiger wachsenden Ozean getrennt werden.
Bis auf eine seltsame und höchst geheimnisvolle Ausnahme – den Hund. Schon auf den ältesten Höhlenzeichnungen, vor zweihunderttausend Jahren, taucht er auf. Lange, lange bevor sich der Mensch die ersten Haustiere anschaffte. Aus der unendlichen Fülle der Tierwelt ist der Hund der einzige, der vor Hunderttausenden von Jahren freiwillig an die Seite des Menschen getreten und ihm bis auf den heutigen Tag treu geblieben ist.
Und immer ist er sicher auch des Menschen treuer und letzter Freund gewesen, dem man seine unglückliche Liebe, seine Sorgen und Enttäuschungen ungefährdet anvertrauen, in dessen unwandelbare Liebe man sich flüchten und retten konnte.
So ist es kein Wunder, daß der Hund auch den Weg in die Götterwelt des Menschen nahm. Wir finden hundeköpfige Götter bei den Ägyptern, und wir finden in der Weltlehre der Parsen, die auf Zoroaster zurückgeht, den mystischen Hund Sura, den der oberste Gott Ahuramazda »zur Wacht über die Menschen und zum Schutz der Tiere« schuf. »Wenn Mensch und Tier zusammenkommen, ist Sura in der Welt und bewacht sie.«
Zur Wache über den Menschen. – Und nicht nur Haus

und Hof und Herde bewacht er, auch unsere Seelen, auf daß sie nicht ganz verlorengehen im Rasen nach Erkenntnis und Fortschritt. Denn Erkenntnis und Fortschritt würden uns nichts nützen und sich dämonisch gegen uns kehren, wenn wir Schaden nähmen an unserer Seele!

Ausklang

Nun ist die Sonne schon ganz hell in meinem Zimmer. Vor meiner Couch sitzen Weffi und Peterle, Schwarz und Weiß, und sehen mich erwartungsvoll an. Ich lese in ihren Augen, daß sie mit mir spazierengehen wollen. Aber noch etwas anderes und viel Tieferes lese ich in diesen vier braunen Augen. Etwas, auf das wir sehr aufpassen müssen und von dem wir schon gefährlich viel hergegeben haben als Preis für unseren Fortschritt.

Und während ich ihre Köpfe streichele, hoffe ich inbrünstig, daß wir Menschen auf einer höheren Spirale der Entwicklung zurückkehren mögen zur Kraft der Liebe und Treue und zur großartigen »Einfalt« unserer Hunde.

Hasso

Der Winkel

Den Schauplatz der Handlung müssen Sie sich folgendermaßen vorstellen: ein Kurort, der in einem Hochgebirgstal liegt. Er ist in seiner Art sehr eindrucksvoll mit seinem Bahnhof, in den die schweren elektrischen Lokomotiven die ungerupften Fremden herein- und die gerupften wieder hinausschleppen; mit den Reihen seiner neonverblauten Saisongeschäfte, dem Kurpark, der Kurkapelle (im Muschelgehäuse) und den vielen großen Privatvillen mit bekannten Namen auf den Türschildern. Die ganz vornehmen Leute haben natürlich überhaupt keine Türschilder –

Aber wenn man dann aus all dieser Prominenz den Blick hochhebt, sieht man das Nebelhorn. Dreitausendfünfhundert Meter hoch türmt es sich wie eine versteinerte Welle empor, deren oberen Rand der Schaum der Gletscher krönt.

Vor solcher Majestät ist natürlich unser Kurort nichts als ein Häufchen Staub in einer Erdrinne, gerade, daß man noch den Gebirgsbach erkennen kann, der ihn wie eine dünne Silberader durchfließt. Die herumwirbelnden Menschenbazillen bleiben völlig unsichtbar, wie das so die Art der Bazillen ist, besonders der gefährlichen –

Dieser Vergleich könnte uns eigentlich entmutigen. Bazillen – hm –. Aber lebt dieser gewaltige Berg, dessen Erhabenheit uns gewissermaßen niederwalzt, nicht nur in der Vorstellung eben dieser Menschenbazillen? Er selbst ist sich seiner nicht bewußt. Die Ameise nimmt ihn überhaupt nicht wahr. Dem Bussard, dessen fahlbraune Schwingen gerade dort oben in der Sonne leuchten, ist er gleichgültig, weil sein Fernrohrauge nur nach Maus oder Hase lugt, und vor dem Auge Gottes, dem klaren, alles durchdringenden, dem Wahne der Vielheit entrückten – was ist da so ein Berg?

So ist alles im Tiefsten, Höchsten und Letzten subjektiv, und es kommt allein darauf an, was es für uns bedeutet und wen es gerade angeht. Sehen Sie mal genau dorthin, wo sich außerhalb des Ortes das Tal verengt und der Bahndamm, der Weg und der Gebirgsbach in einem spitzen Winkel aufeinander zulaufen. Dort sehen Sie noch ein paar Gebäude. Nein, ich meine nicht die links der Bahn, denn das ist das Sägewerk, ich meine vielmehr die drei kleinen Häuser auf der rechten Seite des Bahndammes, und ganz speziell diesen Mann, der darauf zuwandert und einen jungen, ziemlich jämmerlich aussehenden Schäferhund an einem Strick hinter sich herzieht. Das ist der Maler Balthasar Enderle, und der junge Hund ist Hasso junior. Und die beiden gehen uns ganz besonders an –

Aber zunächst möchte ich von den Häusern sprechen. Das größte von ihnen gehört dem Zimmermann Wegner mit seiner molligen Frau. Ein gemütlicher Verein, diese beiden. Oben in ihrem Hause wohnt die Witwe Bader, die ebenso dünn und schwarz ist wie ihre Katze Mika.

Daneben sehen Sie ein kleines, aber modernes Haus, besser gesagt ein Häuschen. Hinter einem seiner Fenster sehen Sie einen Mann mit einer Brille, der den Maler und seinen Hund beobachtet. Das bin ich. Mein Häuschen ist innen größer als außen. Von außen gesehen hat es eine fatale Ähnlichkeit mit einer Streichholzschachtel. Innen aber gibt es eine kleine Diele mit einem Garderobehaken und einer Stallaterne, die für elektrisches Licht umgear-

beitet wurde. Von der Diele aus tritt man in einen überraschend großen Raum mit breiten Fenstern und einem schönen, offenen Kamin, der sogar ausgezeichnet heizt. Es stehen eine große Couch und alte schwere Bauernmöbel darin. Die Wände sind halb getäfelt und haben Borde, auf denen Zinnteller stehen. Daneben gibt es noch ein kleines Schlafzimmer, eine ganz moderne, winzige elektrische Küche und ein Bad mit einer grüngekachelten Wanne. In so etwas läßt es sich schon leben, nicht wahr?
Leider aber gehört das Häuschen nicht mir, sondern meinen Freunden Fred und Irene, von denen ich es gemietet habe. Fred hat es sich vor drei Jahren bauen lassen und seitdem mindestens drei Wochen selbst darin gewohnt. Die übrige Zeit verbringt er in der hundert Kilometer entfernten Großstadt mit Sitzungen und jenem geisttötenden Hokuspokus, den man als »gesellschaftliche Verpflichtungen« bezeichnet.
Kurz nach der Erbauung des Häuschens, an der die Nachbarn heftig mitwirkten, und noch vor seiner jungen Ehe mit der augenblicklich kupferroten Irene, hatte er auch mal eine Freundin dort untergebracht, für die gerade keine Planstelle vorhanden war. Er hatte ihr eingeredet, das sei gut für ihren Teint. Diese Freundin hatte es auch einige Wochen mit einer gemischten Diät aus Zollbeamten und Bergführern versucht, war dann aber abgereist, weil sich ihr Grundübel, Langeweile aus Faulheit, dadurch nicht gebessert hatte. Die Nachbarn beseitigten mit grimmiger Feierlichkeit ihre Hinterlassenschaft, die aus Batterien leerer Schönheitswasserflaschen und ähnlichem bestand, und schickten Fred die unbezahlten Telefonrechnungen.

Die Nachbarn –
Damit kommen wir zu dem dritten und kleinsten Häuschen, und dieses Häuschen ist eigentlich gar kein Häuschen, sondern eine Laube, nicht unterkellert und entspre-

chend kalt. Und das will bei unsern Wintern hier, bei zwanzig Grad Frost und zwei Meter hohem Schnee, schon etwas heißen! Und in diesem Häuschen wohnt Balthasar Enderle, der Maler.

Persönlich ist er ein reizender Mensch, aber finanziell! Er malt nämlich weder spinatgrüne Wälder mit springenden Hirschen und bärtigen Wildschützen, wie man sie hierorts meterweise den Fremden aufhängt, noch ist er supermodern. Er malt die Dinge ehrlich so, wie er sie mit seinen freundlichen braunen Augen sieht, und wenn man ihn überhaupt einordnen will, so könnte man ihn einen späten Impressionisten nennen. Damit kann er aber weder etwas in den »Kunsthandlungen« des Kurortes loswerden, noch kümmert sich um ihn die Kunstkritik, die nur dann munter wird, wenn eine Jungfrau das Auge auf dem Nabel hat oder wenn man ihr zwei Pfund Fadennudeln serviert, die sich in ein Zahnradgetriebe verheddert haben, und dieses Gemurkse »Ekstase eines Roboters« nennt. Manchmal, wenn es gar nicht mehr anders geht, bemalt er zähneknirschend eine Hauswand oder die Nischen einer Bar, oder er macht Witzzeichnungen, die er – ziemlich erfolglos – an Zeitungen und Zeitschriften schickt.

Enderle brachte es fertig, in seiner Laube eine Staffelei, eine Couch, einen Stuhl, Schrank, Tisch, Herd, den Kater Pitt und besagten Schäferhund namens Hasso unterzubringen, der in unserer Geschichte die Hauptrolle spielt.

Während ich mein Gärtchen vor dem Hause habe und ab und zu einen Anfall von Blumen- und Gemüsezucht bekomme, liegt sein Gärtchen hinter dem Häuschen und enthält eigentlich nur ein Grab mit einem Kreuz. Auf diesem Kreuz steht: Hasso.

Das ist aber Gott sei Dank nicht unser Hasso, sondern sein Vater. Doch davon später!

Ich ging als letzter in diesem Winkel vor Anker und hatte es eigentlich unerwartet leicht mit den Nachbarn, weil ich in puncto Hausarbeit eine völlige Niete bin. Dadurch hatten sie auch weiterhin nach wie vor freien Zutritt zu meinem Haus, das sie irgendwie als ihr eigenes betrachteten. Fred hatte es zwar bezahlt, aber sie hatten es – bis auf das Betonfundament und den Keller – gebaut. Wegner, der Zimmermann, und Enderle, der sich außerdem auch noch als Elektroinstallateur betätigte, hatten beim Arrangement der Einrichtung geholfen. Außerdem gewann ich sie durch den Umstand, daß ich die Annahme eines Buches oder eines Rundfunkvortrages jedesmal mit einer »Stubenlage« zu feiern pflegte. Seitdem galt ich als beinahe vollwertiger Bürger dieser kleinen Gemeinde. Ich sage »beinahe«, denn um Vollbürger zu sein, hätte ich meinen Zaun selbst reparieren, Holz sägen und das Dach ausbessern müssen. All das konnte ich nicht. Im Gegenteil, man mußte auf mich aufpassen, daß ich den elektrischen Kocher nicht brennen ließ, die Tischdecke nicht mit der Zigarre ansengte und nicht vom Baum fiel, wenn ich meine zerrissene Antenne knüpfen wollte. Dafür setzte ich ihnen ihre Briefe auf, fotografierte sie zu Geburtstagen und war freigebig mit Schnäpsen, Verbandzeug, Aspirin und Abführtabletten.

Eines Tages, als ich Balthasar mit einem Steinhäger tröstete, weil man ihm wieder einmal eine Serie Witzzeichnungen zurückgeschickt hatte, erzählte er mir die Geschichte des alten Hasso, der in seinem Gärtchen unter dem Holzkreuze lag.

»Wissen Sie«, begann er, »es gibt so eine Art von Schäferhunden, die groß und stark wie Löwen sind. In ihren ganzen Bewegungen und in ihrem Gang haben sie etwas Majestätisches und beinahe Furchterregendes, und in ihrem Blick liegt ein ruhiger Stolz. Solch ein Löwe war Hasso. Ich hatte ihn als ganz junges Kerlchen in den letzten Wochen des Krieges gefunden und mit mir geschleppt. Wir schliefen unter einer Decke und teilten unser Futter.

Es ging auf und ab, hin und her, bis wir dann in diesem Winkel strandeten. Manchmal war es etwas knapp, aber niemals holte er sich etwas anderswo, niemals bettelte er Fremde an, niemals wilderte er, wie andere Hunde das taten. Dabei war er der unbestrittene König weit und breit. Sogar der gefürchtetste Raufer der ganzen Gegend, der Dobermann Ajax aus dem Sägewerk drüben, ging ihm aus dem Weg, nachdem er einmal Prügel von ihm bezogen hatte. Nur einen einzigen Fehler hatte Hasso – die Bahn.«

»Die Bahn?«

Enderle nickte und wollte noch etwas hinzufügen, aber im gleichen Augenblick donnerte draußen der Zug vorüber. Rattatata – rattatata! Sein Schatten verdunkelte das Zimmer, die Zinnteller auf dem Bord schepperten. Der Mann mir gegenüber schloß die Augen, zog den runden Kopf zwischen die Schultern und erbleichte. Dann, als wieder Stille war, fuhr er leise fort: »Ja, der Zug –. Er ging ihm nicht aus dem Wege. Immer schnüffelte er auf den Schienen entlang, und pfiff aus der Ferne eine Lokomotive, so richtete er sich auf und erwartete sie mit gespitzten Ohren. Ich habe nie herausbekommen, was das eigentlich war. Irgend etwas aus seiner frühesten Jugend muß es gewesen sein. War ihm mal ein Herrchen mit dem Zug davongefahren und erwartete er es immer noch? Hundertmal wohl zerrte ich ihn von den Schienen herunter. In meiner Angst schlug ich ihn sogar. Aber er sah mich nur ratlos und kummervoll an: Wie kannst du, der du mein Mensch bist, das nicht verstehen? Und dann einmal, im letzten Herbst – kam ich doch zu spät. Er schleppte sich noch bis vor meine Füße – keinen Laut hatte ich gehört. Der ganze Hinterleib zerrissen –. Ich habe Menschen getötet, im Kriege – ich mußte es –. Aber das – das, was da vor mir lag –! Ich – ich – habe ihn dann erlöst – ich weiß, es mußte sein, um – um –. Aber ich werde es nicht los, und manchmal, wissen Sie, entsetze ich mich

vor meinen Händen. Wenn ich sehe, wie sie sich auf der Staffelei bewegen, diese Hände, die ...«
Er saß mit weißen Lippen und starrte auf seine Finger, die sich in den Stoff seiner geflickten Hose krallten. Ich wollte etwas sagen, aber meine Zunge war wie gelähmt.
Nach einer Weile seufzte er tief, sah sich wirr um: »Ich habe ihn dann begraben. Sie kennen es ja – hinter dem Haus. Oft unterhalte ich mich mit ihm. Seitdem kann ich nichts Heiteres mehr zeichnen, und gerade davon will ich ja leben. Aber es wird nichts, nach diesem da – Sie verstehen mich?«
Ich nickte.
Eine Weile schwiegen wir. Dann hob er den Kopf und sah mich mit einem verlegenen Lächeln an: »Ja – nun – weswegen ich Ihnen das alles erzähle? Hasso kannte außer mir noch ein anderes Wesen. Er hatte eine Freundin – im letzten Jahr. Eine Schäferhündin, Bella, von hier aus vor dem Ort, auf der rechten Seite, bei dem Bauern. Sie kennen den Hof ja und wissen, wie die Leute sind – hart. Nachdem sie geworfen, es war ihr erster Wurf, kümmerte man sich nicht genug um sie, ließ sie sterben. Ihre Jungen ertränkte man bis auf einen Rüden. Er liegt nun seit sechs Monaten schon an der Kette. Sieht genau aus wie Hasso, als ich ihn bekam. Ich habe mir etwas gespart – die letzten beiden Wochen habe ich den Pavillon der Kurkapelle ausgemalt, nach den grandiosen Einfällen des Herrn Kurdirektors. Nun, und da könnte ich Hassos Sohn dem Bauern abkaufen. Was meinen Sie? Wegners und die alte Bader werden es zwar nicht gern sehen. Sie schimpfen schon über Pitt, weil sie behaupten, er stiehlt ...«
Ich goß ihm den Rest des Steinhägers ein: »Kaufen Sie – um Himmels willen – holen Sie ihn sich!«

Am nächsten Mittag kam er mit Hasso junior an. Ich sah sie durchs Fenster, hielt mich aber diskret zurück. Die erste Stunde der Begegnung zwischen diesen beiden Wesen wollte ich nicht stören. Ich war nur etwas erschrokken über den Hund. Er war noch jung und schlaksig, dürr zum Gotterbarmen, hielt die Rute eingeklemmt, den Kopf gesenkt und wurde von Balthasar an einem Strick in die neue Heimat gezerrt. In der anderen Hand hielt Balthasar ein Paket, in dem ich Fleisch vermutete.

Nach fünf Minuten klopfte es an mein Fenster. Balthasars rundes Gesicht, vor Aufregung rot: »Kommen Sie!«

Ich war im Moment draußen. Er zerrte mich an der Hand hinter sich her, über die kleine Veranda, wo Pitt, der Kater, dick und satt auf der Bank blinzelte, in die winzige Stube, in der ich erst immer Atem holen mußte, weil sie so winzig und voll war. Vor der Couch stand ein Napf mit Fleisch und vor dem Napf Hasso, der das Fleisch hinunterschlang. Als ich eintrat, zeigte er nur stumm die Zähne.

»Er ist halb verhungert und noch ganz verwirrt, der arme Kerl«, flüsterte Balthasar. »Setzen Sie sich dort auf den Stuhl.«

Ich tat es, und Balthasar setzte sich auf die Couch, unmittelbar vor den Hund. Der richtete die Nackenhaare auf und knurrte dumpf. Dann fraß er weiter, wild, gierig und böse.

»Das ist ein Knurren, nicht wahr?« triumphierte Balthasar. »Das kommt aber auch aus einer Kleinigkeit von Brustkasten! Aber sehen Sie sich das arme Tier an. Am Hals ganz wund gescheuert von der Kette. Diese Verbrecher!«

Schließlich hatte Hasso die Riesenportion verdrückt. Er rülpste gewaltig, wobei ihm ein Fleischbrocken wieder aus dem Maul fiel. Er sah ihn sich einen Augenblick an, offenbar im Zweifel, ob er ihn noch unterbringen könne. Dann fraß er auch ihn auf. Balthasar erhob sich schweigend und stellte ihm eine Schüssel mit Wasser hin. Hasso sah ihn einen Augenblick mißtrauisch an, dann soff er und ließ sich anschließend auf die Keulen plumpsen.

»Am besten, wir kümmern uns gar nicht um ihn«, zischte mir Balthasar zwischen den Zähnen zu, als ob ihn der Hund verstehen könne. So begannen wir eine krampfhafte Unterhaltung über Schlagertexte, kamen anschließend irgendwie auf Chopin, von da auf Beethoven und landeten schließlich bei der chinesischen Philosophie. Als ich Balthasar gerade den Unterschied zwischen Konfuzianismus und Taoismus klarmachte, stand Hasso auf und begann an Balthasars Schuh zu riechen. Von da an schnupperte er aufwärts das Hosenbein entlang, inspizierte die Hand, die auf dem Knie lag, und hob schließlich die wunderbar lange Schnauze gegen das Gesicht des Menschen, der ihn so völlig unerwartet gefüttert hatte. Als Balthasar jedoch vorsichtig die Hand hob, wich er sofort zurück und zuckte mit den Lefzen, wahnsinnige Angst in den Augen.

»Seien Sie vorsichtig!« sagte ich.

»Bin ich schon – bin ich schon, aber ...« Und er hielt ihm die Hand ausgestreckt vor die Schnauze.

»Hasso«, sagte er, »ich verstehe ja, daß du Angst hast, mein Hasso (Zu mir: »Sie müssen, wenn Sie mit ihm sprechen, möglichst oft seinen Namen nennen!«), aber wir werden sehr bald sehr gute Freunde sein, Hasso. Denn du bist ja der Sohn meines lieben, unglücklichen, wunderbaren Hasso, mein Hasso, und du wirst ein ebenso schöner, mutiger und starker Hasso sein, nicht wahr, Hasso?«

Jedesmal, wenn sein Name fiel, spitzte der Hund die Ohren. Zwischendurch sah er ein paarmal aufmerksam fragend zu mir herüber, als fordere er mein Urteil, ob man diesem Menschen trauen dürfe. Und schließlich, unendlich vorsichtig, legte er seine Schnauze in des Menschen Hand. Ganz langsam schlossen sich Balthasars Finger, während es in seinen Augen feucht schimmerte. Mit der anderen Hand strich er leise über den gewaltigen Kopf. Hasso zuckte zusammen, blieb aber stehen. Dann ließ sich Balthasar auf die Erde rutschen und sagte: »So, nun komm mal her!«

Der Hund sah sich verdutzt dieses merkwürdige Herrchen an, das plötzlich nur noch ebenso groß war wie er, inspizierte nochmals genau das Gesicht, und dann plötzlich öffnete er den Rachen, hechelte und tanzte, wenn auch noch etwas vorsichtig, mit der Pfote gegen das Gesicht.

»Er lacht!« flüsterte der Mann. »Sehen Sie, wie er lacht!« Und er tatzte dem Hund genauso mit der Hand gegen die Schnauze. Die buschige Rute Hassos kam zwischen den Hinterschenkeln hervor und wedelte einen Stapel Zeichenblätter durch die Gegend. Nun begann der Mann, ihn vorsichtig an der tief gesenkten Brust zu kraulen. Hasso grinste und juckte mit den Hinterbeinen mit. Dann ging er behutsam in die Knie und ließ sich neben Balthasar auf den Rücken fallen. Sein Kopf kam dabei auf meine Schuhe zu liegen, da sonst kein Platz mehr im Zimmer war. Während Balthasar brustkraulte, roch Hasso an meiner Hand und kaute dann mit wollüstig geschlossenen Augen an meiner Hose. Ich wagte es, seine dicke Pfote zu fassen. Er hatte sofort die Augen auf – zwei Sonnen! –, schloß sie aber wieder, als ich seine Pfote ruhig weiterstreichelte. Schließlich leckte er Balthasar über das Gesicht und mir über die Hand.

»Ich glaube, das hätten wir!« sagte der Maler endlich, richtete sich ächzend auf und setzte sich wieder auf die Couch. Hasso sprang auch auf, blieb wedelnd zwischen uns stehen und sah von einem zum anderen.

»Um was wir uns sofort kümmern müssen«, sagte Balthasar, »sind die wunden Stellen an seinem Hals.«

»Ich habe Salbe drüben.«
»Gut, gehen wir zu Ihnen hinüber!«
Als wir aufstanden und zur Tür gingen, wich Hasso in das Innere des Zimmers zurück. In seinen Augen brannte Verzweiflung.
»Er glaubt, er müsse jetzt wieder an die Kette!« flüsterte mir Balthasar zu. Und dann laut: »Aber Hasso, sei nicht blöde. Komm her! Na, komm her! Hierher! Ist ja nichts!«
Wir standen schon draußen auf der kleinen Holzveranda. Langsam, Schritt vor Schritt, kam Hasso heraus, die Rute eingeklemmt, demütig gesenkten Kopfes, zitternd. Jetzt, wo sein Bauch rund vollgefressen war, wirkten seine Magerkeit, das rauhe, verkommene Fell doppelt erschütternd. Draußen witterte er gegen den alten Kämpen, den Kater Pitt, der noch immer auf der Bank lag und seinen narbigen Pelz in der Mittagssonne wärmte. Pitt öffnete die gelben Augen, richtete sich auf, machte die Andeutung eines Buckels und langte ihm eine mit der Kralle.
Es war nicht die übliche, fauchende Verteidigung der angegriffenen Katze, sondern eine unendlich überlegene, wohlberechnete, sozusagen erzieherische Ohrfeige.
Hasso zog den Kopf zurück, sah uns fragend an, und dann reichte er Pitt die Pfote. Es war eine rührende Gebärde der Werbung, die hilflos in der Luft stehenblieb. Pitt sah sich kurz die Pfote und dann noch einmal den neuen Gefährten an, kringelte sich mit einer abschließenden Bewegung völliger Nichtachtung zusammen und schlief weiter.
Nur mit größter Schwierigkeit war Hasso in mein Haus zu bekommen. Wir mußten ihn über die Schwelle schieben.
»Er ist es nicht gewöhnt, im Haus zu sein«, erklärte mir der Maler. »Er hat sich auch drüben bei mir so gesträubt. Wahrscheinlich hat man ihn immer hinausgejagt, wenn er

sich mal aufwärmen wollte. In Wind und Wetter läßt man ja die Tiere draußen, oft ohne Stroh in der Hütte. Nach ein paar Jahren sind es rheumatische Krüppel. Ach – ich möchte ...«

Endlich merkte Hasso, daß er im Haus sein durfte. Während ich die Salbe suchte, hörte ich seine starken Krallen tapp-tapp-tapp durch die Räume gehen. Er beschnupperte alles: die Teppiche, die Schränke, die Badewanne und besonders die Tür zur Speisekammer. Und immer wieder kamen seine verwunderten Blicke zu uns: Was ist das alles? Träume ich? Im Haus sein dürfen, nicht mehr an die Kette müssen?

Dann setzten wir uns zu ihm, schnitten ihm die Haare um die wund gescheuerten Stellen weg, strichen Salbe auf, puderten. Die Salbe kühlte. Er leckte uns die Hand. Dann drängte er sich zwischen Balthasars Knie: »Sehen Sie«, sagte der, »er weiß schon, daß er zu mir gehört!« Er nahm den langen Kopf zu sich empor: »Ich werde dich abrichten, Baumeister zu fressen, diese ausbeuterischen Hampelmänner, die deinem Herrchen fünfzig Mark pro Hauswand zahlen.«

Er streckte mir plötzlich die Hand hin: »Ich danke Ihnen, daß Sie alles – so – mitmachen. Wollen wir ihn morgen zusammen flöhen?«

Das wurde mit einer Würde und Wärme vorgebracht, als lade er mich zu einem Geburtstagsessen mit Sekt ein. Ich nahm seine Hand: »Gern, ich habe nur so kurze Nägel!«

»Dann nehmen Sie die Läuse, ich die Flöhe!«

Der Stock

Der nächste Morgen versprach einen herrlichen Sommertag. Unten lag das Tal noch im Schatten, darüber eine feste Wolkenbank, geformt aus den aufgestiegenen Frühnebeln, und über ihr das Felsgestürm des Dreitausenders mit der funkelnden Kappe aus ewigem Eis. Wieder darüber, im lichtdurchwallten Morgenhimmel, ein Heer von Lämmerwölkchen, die ganz langsam zogen. Bald würde die Sonne über den Berg steigen – da war sie schon!

Ein Bach von Gold überflutete meinen Frühstückstisch mit dem weichen Ei, der gelben Landbutter, den extrabraunen Brötchen und dem ebenso braunen Kaffee. Bald würde Mika, die Katze der Frau Bader, kommen, um ihr Schälchen Milch und das weiche Innere der Brötchen zu kassieren. Mika war kohlschwarz und gelbäugig wie ihre Mutter Muscho, die drüben im Sägewerk residierte. Einst gehörte auch sie der Frau Bader. Dann aber, nach Mikas Geburt, gab es irgendwelche Differenzen zwischen ihr und ihrer Herrin mit dem Ergebnis, daß Muscho ins Sägewerk umzog und durch keinerlei Lockungen zu bewegen war, wieder in unseren Winkel zurückzukehren. Sie kam nur gelegentlich auf Besuch, ganz offensichtlich, um den Lebenswandel ihrer Tochter Mika zu kontrollieren. Mika, die inzwischen längst ebenfalls Mutter geworden und im übrigen ein wildes Luder war, konnte bei diesen Inspektionen sehr häufig nicht das mütterliche Wohlwollen erringen. In solchen Fällen verabreichte ihr Muscho rechts und links ein paar kräftige Ohrfeigen, die von Mika in unterwürfiger Ehrfurcht entgegengenommen wurden.

Jetzt tauchte Mika pünktlich wie die Feuerwehr im Fenster auf. Zwei dicke Amseln und ein Kleiner mit einem Schopf, die im Vogelhaus gefrühstückt hatten, stoben davon. Mika verharrte einen Augenblick im Fenster, schnurrte laut, ließ sich mit lässiger Grazie auf die Keulen nieder, faltete den Schwanz vor die Vorderbeine und saß da, eine kleine Sphinx, bis in jede Haarspitze Wohlerzogenheit, Bewußtsein der eigenen Schönheit und kokette Zurückhaltung. Raffiniert wie alle echten Töchter Evas, wollte sie noch extra gebeten werden, das zu tun, wonach sie gierig verlangte.

Ich nahm ihr Schälchen vom Tisch und stellte es auf die Erde: »Na, komm, Mika!« Mit einem schattenhaften Husch war sie unten, und alsbald begann eine kleine, knallrote Zunge mit lautem Schnurren die Milch einzulöffeln. Danach enterte sie meinen Schoß und kassierte eine Zusatzration Butterbrot.
Plötzlich aber richtete sie sich auf, machte fauchend einen Buckel, der bis an mein Kinn reichte, und fuhr die Krallen aus, daß ich sie durch meine Hose spürte. Im Fenster war ein langer Kopf mit aufgerichteten Ohren und hechelnder Zunge über schneeweißen Hauern erschienen, zwei dicke, gelbe Pfoten mit schwarzen Krallen davor. »Wuff!« bemerkte das Ganze in mein Fenster hinein. Dahinter tauchte das Brustbild des Malers auf, übergossen von der Glorie des Vaterstolzes. Mika fuhr wie der Blitz von meinem Schoß und in mein Schlafzimmer. »Wir haben zusammen auf der Couch geschlafen!« verkündete Balthasar. »Kommen Sie mit auf die Bergwiese? Wir wollen ihn dort flöhen, damit die Leute es hier nicht sehen. Sie verstehen uns nicht.«
»Komme gleich. Warten Sie bitte!« Ich schüttete den Kaffee hinunter, und dann trotteten wir los. Wir kletterten über die Steine des Baches, dem Hasso einen halben Eimer Wasser entnahm, kletterten den gegenseitigen Hang hinauf und weiter durch die Latschenkiefern zur Wiese empor. Aus dem Augenwinkel beobachteten wir Hasso. Wahrscheinlich war es sein erster Spaziergang in Freiheit.
»Sollten Sie ihn nicht an die Leine nehmen?« flüsterte ich dem Gefährten zu. »Immerhin ein Experiment! Wenn er nun einfach losgeht?«
»Er wird nicht. Ich will ihn erst gar nicht an die Leine gewöhnen. Er muß so bei mir bleiben.«
Und er blieb. Die ersten Minuten wich er überhaupt nicht von Balthasars Knie, blieb immer wieder wie benommen stehen, witterte in die Gegend, sah sich um, beobachtete

mit schiefem Kopf eine Hummel, stoppte mit erhobener Pfote, wenn vor ihm eine flüchtige Eidechse raschelnd in das Brombeergestrüpp huschte. Dann fand er Hirschlosung, schnuffelte, bekam die Fährte und machte ein paar Sprünge bergauf.

»Hasso!« rief sein Herr halblaut. »Hier, bei Fuß!«

Der Hund stoppte, als habe man ihn an einer Schnur gerissen, sah sich fragend um. »Bei Fuß!« wiederholte Balthasar und klopfte sich an den Schenkel. Der Hund kehrte um, sprang mit seinen weichen, schlenkernden Kinderbeinen zurück, leckte ihm die Hand, drückte sich an ihn. Sein Herrchen sah mich triumphierend an:

»Na? Ich sage Ihnen, er hat nur eine Angst: mich zu verlieren!«

Oben auf der Bergwiese stand die Armee der Enziane und daneben jene Blume, die man viel zu prosaisch Schusternagel nennt und die ihr Blau vom Mantel der Madonna geliehen haben könnte. Am hinteren Rand der Wiese stieg unvermutet der Fels auf, starr, grau und uralt, das Haupt hoch, hoch oben mit einem zarten Wolkenschleier umwunden. Einen Moment standen wir überwältigt. Auf Hasso schien es weniger Eindruck zu machen. Er postierte sich auf der Wiese, mit dem Rücken zur Aussicht, machte den Kopf schief und wedelte auffordernd. Schließlich riß sich Balthasar mit einem tiefen Seufzer von der Aussicht los und faßte seinen Jüngsten ins Auge:

»Wie er dort steht – ein Stück Natur, wunderbarer Natur. Merkwürdig, daß ich die Gestalt eines Menschen nie so empfinde. Immer störend. Hm? Er legt den Kopf schief und lacht. Er will spielen!«

Der Maler sah sich um und entdeckte am Rande der Wiese einen dicken Zweig. Als er ihn aufhob, kniff der Hund den Schwanz ein, warf sich auf der Hinterhand herum und rannte weg.

»Aber du Dummerchen!« schrie Balthasar, »Hasso –

Hasso – bleib doch! Hier, schau, ich leg ihn ja wieder hin! Er bleibt stehen – Gott sei Dank – wollen Sie hinlaufen und ihn festhalten? Ich komme dann langsam nach.«

Ich lief nicht, sondern ging langsam über die Wiese, immer wieder stehenbleibend und ihn lockend. Schließlich hatte ich ihn am Halsband. Er zitterte, und seine Augen schienen voller Tränen. Das Herz drehte sich mir um. Jetzt kam sein Herr allmählich näher, den Stock auf dem Rücken. Ach, Hasso sah das genau! Sein Zittern verstärkte sich. Er zerrte am Halsband, daß ich fast umfiel, und versuchte in seiner Todesangst nach mir zu schnappen. Als der Herr vor ihm stand und langsam den Stock vorholte, gab er sich mit einem wehen Stöhnen auf und warf sich auf den Rücken. Balthasar kniete sich neben ihn, streichelte seinen Kopf, kraulte ihm den Bauch. Dann spuckte er auf den Stock, hielt ihn vor die Hundenase:

»Hier – ist deiner – paß auf!« Er holte aus, während sich Hasso konvulsivisch zusammenkrümmte, und warf den Stock weg: »Da, Hasso – hol's!«

Der Hund richtete sich auf, stand zitternd und starrte in die Richtung des Stocks.

»Lassen Sie's doch! Sie quälen ihn nur!« sagte ich.

»Unsinn. Ein junger Kerl wie er muß spielen, springen, jagen. Vor allem muß die Angst aus ihm heraus.«

Darauf ließ er sich auf die Knie nieder, kroch auf allen vieren über die Wiese bis zu dem Stock hin. Er sah urkomisch aus mit seinem vor Aufregung geröteten Kopf, der hochgerutschten, verbeulten Jacke und der blankgewetzten Hose, in der sich die Sonne spiegelte. Warum lachte ich eigentlich nicht? Hasso lachte auch nicht. Er hatte aufgehört zu zittern, sah fragend an mir hoch und drängte sich an mein Knie. Jetzt beugte sich Balthasar nieder, nahm – weiß Gott – den Stock mit den Zähnen auf und kam so wieder zurückgekrochen. »Wuff-wuff!« machte er dumpf, als er Nase an Nase mit Hasso stand.

Der wich einen Schritt zurück. Nun mußte ich doch lachen. Da begann sich Hassos Schwanzspitze langsam zu bewegen. Balthasar ließ den Stock fallen, spuckte ein paar Stückchen Borke aus, zog ein grau-weißes Taschentuch und wischte sich die Stirn. Hasso kam einen Schritt näher und beroch den Stock mit gekrauster Nase. Das Herrchen hielt mit dem Wischen inne, nahm seinen Kopf und gab ihm einen Kuß: »Ach, du geliebter Lümmel!« sagte er.
Hasso reichte ihm die Pfote. Nun nahm der Mann wieder den Stock und hielt ihn vor das Hundegebiß: »Nimm!« Hasso schnupperte erneut daran, den Schwanz zwischen den Hinterbeinen.
Jetzt stand Balthasar wieder auf, warf den Stock, rannte danach, blieb wieder stehen: »Na, komm doch, du Dummerchen – komm!«
Hasso trottete vorsichtig ein paar Schritte hinterher, blieb stehen, die eine Pfote hochgehoben, die Nasenflügel wild arbeitend. Als das Herrchen den Stock aufhob, ließ er sich nieder, aber er lief nicht weg.
Balthasar warf und rannte, warf und rannte, lockte, beschwor, und allmählich wurden die Ohren des Hundes steifer, die Augen heller, und schließlich war er mit dem Herrchen zugleich am Stock und faßte ihn vorsichtig.
»Ist mein!« sagte Balthasar und zerrte daran. Hasso ließ sofort los. Der Mann hielt den Stock wieder hin: »Hier – nimm!« Der Hund begann wieder zu wedeln und packte schärfer zu. Der Mann hielt fest, begann zu ziehen, streichelte Hassos Kopf, und diesmal ließ der Hund nicht los. Balthasar zog stärker. Der Hund stemmte die Pfoten in die Erde und knurrte. Das Herrchen sah sich triumphierend nach mir um.
»Aus!« sagte er dann. Der Hund zerrte. Balthasar gab ihm einen leichten Klaps, worauf Hasso verdutzt losließ.
Dann übten sie. Nimm – aus – nimm – aus! Nach fünf

Minuten hatte Hasso begriffen. Das Herrchen richtete sich ächzend hoch, schwang den Stock und warf ihn in die Wiese. Und da, zum ersten Male, schoß Hasso hinterher, die prachtvolle Rute frei weggereckt. Der Galopp ging in Wellenlinien durch seinen Körper, die jungen, latschigen Beine flogen. Er überschlug sich fast, als er am Stock bremste. Dann kam er zurück, die Beute im hochaufgeworfenen Kopf zwischen dem schneeweißen Gitter seiner furchtbaren Zähne, die Augen blitzend vor Lust. Er warf sich vor dem Herrchen hin: »Wuff – wuff!« schrie er auffordernd. Wieder flog der Stock – wieder schoß er nach, seine Flanken pumpten.

»Aus!«

Der Stock wurde zögernd losgelassen, aber Hasso sprang federnd nach, hoch über Herrchens Kopf, als der seine Beute ergriff und zu neuem Wurf schwang.

Ich stieß einen tiefen Seufzer aus und fühlte, wie sich mein Körper entspannte. Ich hatte das Ganze mit atemloser Selbstverlorenheit wie ein Schauspiel von höchster Dramatik verfolgt. War es das nicht? Eine Seele wurde von Furcht erlöst – ein Herz dem Glück gewonnen.

Balthasar ließ sich erschöpft nieder und wehrte Hasso ab: »Nun ist's genug. Puh!« Hasso sah ihn einen Moment verwirrt an, den geiferbedeckten Stock zwischen den Zähnen. Dann kam er damit zu mir, stieß ihn gegen meine Hand, warf ihn vor mich hin. Von der Zunge liefen die Schweißtropfen, glühender Atem aus dem Rachen, die Augen ein einziges Funkeln und Strahlen. Es stieg in meiner Kehle hoch. Fels, Wiese und Wald schienen Augen zu haben, die uns zusahen. Welch eine Stunde!

Dann packte ich den Stock. Er griff sofort danach. Ich auch. Schließlich lagen meine Hand und sein Gebiß eng aneinandergepreßt. Wir zerrten, bis es einen Knacks gab und der Stock zerbrach. Ich schleuderte das kleinere Ende in die Wiese, aber Hasso drehte nur höchst komisch die Augen danach und hielt das größere fest. »Aus!« Er wollte nicht. Kleiner Klaps – auch kein Ergebnis. Ich war für ihn keine Autorität, sondern gleichberechtigter Spielgefährte. Schließlich bekam ich den Stock frei, indem ich ihn unter der Brust kitzelte. Ich wollte werfen, da war er schon über mir, warf mich um. Großes Gebalge. Er wurde derb und packte mein Handgelenk. Der Griff war eisern wie ein Schraubstock. Jetzt gab es eine richtige Ohrfeige, und er ließ verdutzt los. Ich zeigte ihm die Einkerbungen in meiner Hand:

»Sollst du beißen?« Er leckte mir über das Gesicht. Dann spielten wir, bis wir alle drei jappend nebeneinanderlagen.

Die Sonne schien, neben mir im Gras kam der schwarze Kopf einer Grille vorsichtig aus einem Erdloch. Die langen Fühler fingerten prüfend herum, dann wurde der braune Frack nachgezogen; sie setzte sich hin, stimmte die Instrumente und gab dann ein prachtvolles Zirpkonzert zum besten. Ein großer Trauermantel saß mit klappenden Flügeln auf einem Schusternagel, die Wolke oben am Fels hatte sich aufgelöst, ein Kuckuck rief aus der Tiefe. Hachehachehachehache – ging neben mir der Atem des Hundes. Manchmal blieb er plötzlich weg: Hasso horchte mit gespitzten Ohren. Dann pumpte er wieder los, um seine Sauerstoffreserven aufzufüllen, die er in jugendlicher Raserei verschwendet. Jetzt langte Balthasar herüber und packte seine Schnauze. Er warf sich selig auf den Rücken. Seine Rute fegte den Boden. Die Grille verschwand wie ein Schatten in ihrem Loch, der Trauermantel gaukelte hoch. Schließlich richtete der Maler sich auf:

»Jetzt werden wir ihn flöhen, wenn es Ihnen recht ist!«

Wir packten Hasso und legten ihn wieder auf den Rükken. Er strampelte, rollte die Augen und schien mit Sicherheit zu erwarten, daß er nun geschlachtet würde und daß alles zuvor teuflische Verführung zu falscher Sicherheit war. Als sich aber weiter nichts Schreckliches ereignete, als daß vorsichtige Finger durch sein Fell fuhren, beruhigte er sich schnell und schloß wohlig die Augen. Wir fanden sieben dicke Flöhe, zweiundzwanzig Läuse und drei vollgesogene Zecken. Die Zecken wurden ihm gezeigt, weil sie ihm beim Ausreißen weh taten. Er richtete den Kopf hoch, besah sie sich und prustete mir dann einen gewaltigen Nieser mitten ins Gesicht. Zwischendurch besahen wir uns unseren Gefährten ganz genau, befühlten die starken flachen Muskeln seiner Schenkel, spielten mit den großen Tatzen, die so locker in den Gelenken hingen, daß man glauben konnte, sie flögen ab, wenn man die Vorderbeine schüttelte, und amüsierten uns, wie er die schwarzeingefaßten Lefzen verzog, wenn wir an eine kitzlige Stelle kamen. Dann nahmen wir uns den Rücken vor. Das war nicht so einfach, denn Hasso wurde plötzlich neckisch, ließ sich immer wieder umfallen und wollte durchaus auf dem Bauch weitergekrabbelt werden. Er hatte eine Art, sich zusammensacken zu lassen, wie ein Haufen Schlamm. Wir hoben das Möbel schließlich am Hinterfell hoch und stellten es auf seine Beine. Aber diese großen goldgelben Babybeine waren wie Gummi, und das Ganze fiel zusammen, sobald wir die Pelle losließen, wälzte sich abermals mit verdrehten Augen auf dem Rücken und klemmte uns die Knöchel mit dem Eisengebiß. Es war die reinste Clownerie. Schließlich verlor Herrchen die Geduld, und es gab was auf den Po. Da ging es. Hasso stand, als sei er plötzlich mit Blei ausgegossen, die Schnauze geradeaus wie ein präsentierender Rekrut. Wir rutschten auf den Hosen an ihn heran und machten uns an die Arbeit:

»Da – ein ganz Dicker – wieder weg – verdammtes Luder – wenn ich bloß längere Nägel hätte –. Nehmen Sie Spucke, viel Spucke! – Halt – da – jetzt – Haha! Wie viele haben Sie –?«

Am Abend, als ich, hinter meiner Maschine hockend, den Versuch machte, die versäumte Zeit nachzuholen und nicht an ein lachendes Hundegesicht zu denken, klopfte es: Balthasar in einer Schlafrock-Ruine. Hinter ihm Hassos großer Schatten. Er hatte die Ohren steil aufgerichtet, lugte scheu um die Türecke und sah besorgt aus. Das Lampenlicht reflektierte höllengrün in seinen Augen.
»Entschuldigen Sie...«, haspelte der Maler und hielt den Schlafrock mit der Gebärde einer keuschen Jungfrau über seiner Brustmatratze zusammen, »er will nicht in der Laube bleiben. Ist ihm wohl zu warm.«
»Aber er ist doch gestern drin geblieben!«
»Da hat es ihn wohl überrumpelt – sozusagen.«
»Vielleicht gefällt ihm Ihr Mief nicht? Kennen Sie den Witz mit dem Ziegenbock?«
»Ha?«
»Ein Mann gewinnt einen Ziegenbock in der Landwirtschaftslotterie und erzählt seinem Freund, daß er ihn im Schlafzimmer halte. ›Aber das stinkt doch so?‹ entrüstet sich der Freund. ›Daran muß sich eben der Ziegenbock gewöhnen‹, meint der Gewinner. Haha!«
Der Maler blieb todernst und setzte sich auf meine Ofenbank: »Sie sind der einzige, der über diesen Witz gelacht hat«, sagte Balthasar, »außerdem ist er uralt. Aber ich muß mich ja mit Ihnen gut stellen. Also: Hahaha!«
»Wieso, gut stellen?«
»Weil Sie mir helfen müssen, noch schnell einen Verschlag für ihn zu bauen.«
»Einen V...«
»Ja, was sonst? Hasso ist ein hartes Tier, das gewohnt ist, im Freien zu schlafen. Hinten in Ihrem Garten habe ich ein altes Gatter gesehen. Wenn wir das oben abschneiden...«
»Abschneiden!«

»Ja – nehmen Sie das Beil, und bringen Sie Ihre Taschenlampe mit. Ich säge. Wir müssen schnell machen, sonst schimpfen die Nachbarn über den späten Radau.«
»Darf ich mir noch Stiefel anziehen?«
»Wenn es schnell geht ...«
Ich stand erschüttert. Hasso auch. Während ich mit wehem Gefühl die Schuhe wechselte, hob er das Bein am Kamin.
»Er ist gewohnt ...«, meinte Balthasar entschuldigend.
»Gewöhnen Sie's ihm ab. Und holen Sie das Scheuertuch aus der Küche ...«
Wir hämmerten, hackten, sägten, ich schlug mir zweimal auf den Daumen, und dann kam der dicke blonde Wegner aus dem Nebenhaus mit einem gewaltigen Vorschlaghammer und erklärte, er wolle nicht etwa mithelfen, sondern der Hammer würde gegen uns verwendet. Er sei sonst ein ganz gemütliches Haus.
»Geben Sie dem Kind einen Schnaps!« erklärte Balthasar großartig zu mir.
»Ich habe keinen mehr. Sie haben gestern den letzten ausgetrunken.«
»So sind sie alle, diese Zigeuner!« meinte Wegner. »Was baut ihr da eigentlich?«
»Einen Verschlag für Hasso!«
»Für dieses magere Krokodil, das Sie gestern am Strick in Ihre Hütte zerrten? Wir dachten, Sie holten es sich zum Abendbrot!«
»Es ist ein echtes Tier, ein scharfer Wachhund, Herr!«
»Was soll er denn bei Ihnen bewachen? Sie haben ja nischt. Außer dieser blödsinnigen Staffelei und Ihrer sogenannten Couch, und die wird nicht gestohlen, höchstens zerhackt.«
»Jetzt sei nicht albern«, sagte Balthasar. »Schlag mal mit deinem Hammer den Pfosten hier ein, dann sind wir nämlich fertig.«
Wegner knurrte, aber schlug. Dann richtete er sich auf: »Leuchten Sie mal da rüber!« sagte er zu mir. Und dann:

»Das ist ja ganz schief, ihr Hanswurste. Raus mit dem Pfahl, ich mach ihn neu. Und der Draht muß höher, sonst springt er rüber ...«

Nach zehn Minuten kam Wegners Frau, eine mollige Blondine, im Nachthemd mit Mantel drüber: »Ich dachte, du wolltest diese Wahnsinnigen totschlagen? Statt dessen spielst du mit. Sie, Herr Doktor, leuchten Sie mir nicht so in den Ausschnitt, der ist verpachtet!«

Ich erklärte ihr den Zweck unserer Veranstaltung. Es ist immer gut, wenn man Frauen etwas erklärt. Es beruhigt sie. Es wirkte auch bei Frau Wegner. Wir wurden sogar noch in ihr Haus geschleust. Da gab es ein Schinkenbrot und ein sechzigprozentiges Kirschwasser dazu.

Schließlich lag ich irgendwann im Bett, aber gerade, als ich einschlafen wollte, klopfte es an den Fensterladen. Es war wieder Balthasar.

»Machen Sie Ihre Gesellenprüfung als Nachtwandler?« fragte ich ihn verbittert.

»Nein – aber Sie haben doch noch eine Kamelhaardecke, die Sie gewöhnlich nicht brauchen.«

»Ja, aber wieso ...?«

»Ich brauche sie für mich. Nur für heute nacht.«

»Aber Sie haben doch selbst eine ...«

»Da liegt Hasso drauf. Bis ich ihm morgen eine richtige Hütte gebaut und Stroh besorgt habe.«

»Aber beim Bauern hat er doch auch ...«

»Bin ich ein Bauer – und ist er ein Kettenhund?«

Ich warf ihm die Decke durchs Fenster.

Das Bad

Am nächsten Morgen um sieben, als ich mir gerade den Oberkiefer massierte, um meine wegen Paradentose wakkelnden Zähne zu einer etwas männlicheren Haltung zu veranlassen, war Balthasar schon wieder da.

»Kommen Sie doch mal rüber!«
»Warum denn, zum Teufel, ich ...«
»Es lohnt sich!« In seinen vor meinem Fenster erscheinenden Augen war die Treuherzigkeit zweier Setzeier, und so konnte ich nicht widerstehen, hüllte mich in den Schlafrock und ging hinüber.
»Leise!« sagte er an der Schwelle und öffnete die Tür zentimeterweise. Drinnen, den gesamten freien Raum zwischen Couch, Staffelei und Herd füllend, lag Hasso auf der Seite und auf seinem Bauch Pitt, der Kater.
»Genau wie bei Hasso – ich meine, bei meinem alten Hasso«, verbesserte sich der Maler hastig, und seine Augen waren feucht.
Pitt warf uns einen flüchtigen Blick aus seinen gelben Bernsteinaugen zu, dehnte die Pfoten, daß die Krallen herauskamen, und schlief dann weiter, als gäbe es für Kater nichts Selbstverständlicheres auf der Welt, als Schäferhundbäuche zu Kopfkissen zu ernennen.
Ein seltsamer Bursche, dieser Pitt übrigens. Das Leben hatte ihm wenig erspart. In zahllosen Kämpfen mit seinen Rivalen hatte sich seine Haut in eine Narbensammlung verwandelt. Seine Ohren waren abgefressen, zerrissen, abgeledert, abgeknabbert – Blumenkohlohren eines alten Boxers. Zweimal schon war er dem Tod von der Schaufel gehopst. Das eine Mal hatte ihn ein schwerer Feldstein niedergestreckt, geworfen von der Hand der Witwe Bader, der er das Kalbsfilet für die Verlobungsfeier ihrer Tochter gestohlen hatte.
Frau Bader machte sich dann immerhin die Mühe, für den erschlagenen Dieb ein Grab zu graben. Wahrscheinlich wollte sie damit seinem Herrn den Anblick des Getöteten ersparen. Sie legte die Leiche Pitts hinein, dann wandte sie sich dem aufgeworfenen Erdhaufen zu, um das Loch zuzuschaufeln. Als sie mit der ersten vollen Schaufel herangeschwenkt kam, war das Grab leer.
Pitt hatte den Feldstein überstanden –

Das zweite Mal bekam er eine Vereiterung am Bein. Herrchen gab sein ganzes verfügbares Geld für Penicillinspritzen aus, aber nichts half. Es wurde schlimmer und schlimmer, und eines Morgens stand der schwarze Pitt nicht mehr auf. Tränenden Auges begann ihm Herrchen im Garten ein Grab zu schaufeln. Plötzlich fühlte er etwas neben sich: Pitt stand da und sah es sich an. Als sich Balthasar Enderle zu ihm umwandte, warf Pitt ihm nur einen empörten Blick zu. Er hatte seit Frau Bader was gegen das eigene Grab. Er entfloh und ward eine ganze Woche lang nicht mehr gesehen. Dann fand ihn Balthasar eines Morgens auf seinen Füßen. Er mußte nachts durchs Fenster gekommen sein. Das Bein war bedeutend besser –

Während diese Erinnerungen durch mein noch sanft verklebtes Gehirn zogen, hatte Hasso junior ein Auge geöffnet, richtete sich vorsichtig auf, wodurch Pitt von seinem Bauch herunterrutschte. Er leckte dem Kater zweimal über den Kopf, stand dann endgültig auf und schüttelte sich. Eine Wolke von Hundehaaren schaukelte durch die Luft und ließ sich ringsum nieder – unter anderem auch auf einem Stück Butter, das auf einer Untertasse zwischen zwei gekrümmten Wurstscheiben lag.

»Sind eigentlich Hundehaare bekömmlich?« fragte ich Balthasar.

Er folgte meinem Blick: »Jedenfalls mehr als die Katzenhaare, die sowieso darauf liegen. Immerhin könnten wir ihn heute mal baden. Ich bin sicher, daß er noch nie in seinem Leben gebadet worden ist.«

Ich betrachtete Hasso, der gerade vor uns seine Lockerungsübungen machte – Kniebeugen vorn und hinten, wobei der Rachen weit aufgerissen wurde: »Nein, das glaube ich auch nicht. Ich werde meinen alten Bademantel und Küchenseife beisteuern. Aber wo wollen wir es machen?«

»In Ihrer Badewanne natürlich!«

»Natürlich. Womit kriege ich die Wanne wieder sauber?«
»Mit Klinol, mein Lieber. ›Klinol – immer froh und wohl!‹ Hören Sie eigentlich keine Rundfunkreklame?«
»Nein!«
»Bildungslücke.«
Wir ließen Hasso draußen erst mal verschiedenes erledigen, damit es nicht vor Schreck in die Wanne ging. Dann heizte ich den Küchenherd. Er war nicht nur für Elektrizität, sondern – offenbar für den Fall von Atombomben – auch für Holz- und Kohlenfeuerung eingerichtet, und nur so war heißes Badewasser zu erzeugen. Das war besonders im Sommer praktisch, denn die Küche wurde dann so heiß, daß man einen Schlaganfall bekam, und alle Speisen verdarben. Sie wurde vor allem viel heißer als das Badewasser.
Dann fingen wir das Untier ein, das gerade meinen Rosenstock ausgegraben hatte, und stellten es in die Kachelwanne, meinen Stolz. Warmes Wasser, Brause und Seife kamen über ihn wie das Jüngste Gericht. Er stand nur völlig erstarrt und zitterte. Wir arbeiteten mit Küchenseife und Wurzelbürste, Balthasar verlor das Gleichgewicht und fiel mit dem Kopf auf den Spülhahn. Ich lachte so, daß ich über der runtergefallenen Seife ausrutschte und mit dem Hinterkopf ans W.C. schlug. Dann hoben wir Hasso, den einzig Unverletzten, heraus, aber bevor wir uns mit dem Bademantel über ihn stürzen konnten, war er aus der Tür. Wir fingen ihn im Schlafzimmer ein, wo er sich in meinem Bett trocken wälzte, und rubbelten bis zum Zusammenbrechen an ihm herum. Dann gingen wir ins Badezimmer und sahen uns stolz die Brühe an.

Damit war meine unmittelbare Teilnahme an Hassos Start in ein neues Leben zunächst beendet. Vielleicht war Balthasar einfach eifersüchtig und wollte vermeiden, daß sich im Herzen des jungen Löwen das Gefühl einer Doppelvaterschaft entwickelte. Jedenfalls wurde ich in den nächsten Tagen nicht mehr zum Hilfsdienst herangezogen. Ich redete mir zuerst ein, daß ich froh darüber sei. In den beiden letzten Tagen war ich kaum zum Schreiben gekommen und hatte für meinen Geschmack zu wenig geschlafen. Bald aber begann ich, den Hundetumult, einen gewissen hechelnden Rachen und zwei gummiweiche Riesenpfoten zu vermissen, und verfolgte, wo ich konnte, Hassos weiteres Schicksal. Natürlich ließ ich es mir nicht merken, denn auch ich habe meinen Stolz.

Die Verfolgung besagten geliebten Schicksals war dadurch sehr erleichtert, daß Hasso jeden Morgen in meinem kleinen Garten spielte. Er grub meine Blumenbeete aus, hob das Bein an dem einzigen Obstbaum, der sowieso schon genug Sorgen hatte, seine vier Spätäpfel bis zur Reife zu bringen, und verarbeitete allmählich meinen ganzen Zaun zu Stöckchen. Das Herrchen schien sonderbarerweise gar nichts bei diesem systematischen Zerstörungswerk zu finden. Offenbar setzte er bei mir die gleiche Hasso-Besessenheit voraus wie bei sich.

Und es war eine Art Besessenheit, die diesen Mann befallen hatte. Tagelang, während ein schöner Sommer in einen klaren Herbst überging und die Bergwelt um uns, die Füße in flammendes Laub gehüllt, immer wunderbarer prangte, übte er mit seinem Hund am Bahndamm »Pfui!«.

Er hatte sich irgendwo einen viele Meter langen Strick organisiert. Den band er an Hassos Halsband. Dann warf er einen Stock über den Bahndamm. Hasso natürlich hinterher. Sobald er aber an die Schienen kam, wurde er mit einem lauten »Pfui!« zurückgerissen und anschließend streng verwarnt. Dann kam eine noch härtere Probe: In einem Eimer wurde von Herrchen sein Fressen über den Bahndamm getragen und jenseits niedergestellt. Der Strick wurde losgebunden. Hasso wollte losstürzen, aber im Moment, als er an den Schienen war, streckte ihn Herrchens »Pfui!« nieder wie eine Kugel. Dann kam Herrchen zu ihm, streichelte, lobte ihn, sagte: »Bei Fuß!«, und so – nur so – eng an Herrchens Bein geschmiegt, durfte er den Bahndamm passieren. Schließlich wurde mit dem Zug selbst geübt. Die beiden postierten sich unmittelbar an den Schienen und warteten, bis das schwarze, pfeifende Rechteck der Lokomotive, aus dem Doppelstrang dämonisch schnell aufwachsend, herandonnerte. »Los!« kommandierte dann Balthasar, und beide rannten Hals über Kopf von den Geleisen weg ins Feld.

Nach etwa vierzehn Tagen hatte es Hasso begriffen. Er konnte noch so wild über die Wiesen jagen, durch meinen Garten toben, sobald er an den Bahndamm kam, blieb er wie von einer unsichtbaren Hand gestoppt stehen. Donnerte ein Zug heran und überraschte ihn beim Spiel, so jagte er mit eingekniffenem Schwanz von dannen.

Eines Nachmittags, als Balthasar und ich, vor unsern Häusern stehend, das beobachteten, nahm er seufzend die Mütze ab, kratzte sich seinen Kugelkopf:

»Ich glaube, das habe ich geschafft! Er wird nicht enden wie sein Vater ...«

»Nein.«

»Obwohl der Gedanke furchtbar ist, daß so ein wunderbares Wesen überhaupt enden muß. Warum? Haben Sie schon darüber nachgedacht?«

»Seitdem ich denken kann.«

»Und haben Sie eine Antwort darauf gefunden?«

»Nein – vielleicht muß alles sterben, weil die Ewigkeit noch furchtbarer wäre.«

»Ausreden ...«

»Möglich ...«

Hasso kam heran, setzte sich vor uns nieder und sah uns erwartungsvoll an. Ohren und Stirn hatte er kokett mit lauter kleinen Kletten garniert. In seinen Augen spiegelte sich die Welt, wie wir sie so strahlend nur in ein paar Stunden unseres ganzen Lebens sehen.

»Wissen Sie«, sagte Balthasar nach einer Weile Schweigen, »manchmal glaube ich, daß in unserer Liebe zu den Tieren, besonders zu unsern Hunden, irgend etwas nicht in Ordnung ist. Dann kommt es mir vor, als ob es – fast – eine Sünde ist. Mindestens 'ne Schwäche. So – weil wir mit den Menschen nicht fertig werden können, halten wir uns an die Tiere.«

Ich blieb Auge in Auge mit dem königlichen Tier da vor mir und antwortete:

»Es ist etwas dran, aber schließlich, ehe man verbittert, ist's schon besser, man bleibt in der Liebe und gibt sie einem Tier, finden Sie nicht auch?«

Er wiegte den Kopf: »Mag sein, aber – was heißt Liebe in diesem Fall? Lieben wir nicht nur uns selbst, wie wir uns in der Seele unseres Hundes spiegeln? Der Hund selbst – das eigentliche Tier – ich glaube, davon begreifen wir gar nichts – das ist im Grunde eine ganz andere Welt.«

»Vielleicht? Sogar sicher – aber, ist es denn mit den Menschen anders? Der andere Mensch – lieben wir nicht nur unsere eigene Spiegelung in ihm? Nehmen Sie eine geliebte Frau: Wir lieben sie so, wie sie uns zugewandt ist. Haben Sie aber nicht mal diese selbe Frau beobachtet, wie sie im Beruf ist, mit der Nachbarin spricht, auf dem Markt einkauft – ist Ihnen da nicht auch das Gefühl gekommen: ein fremder Mensch wie alle und kein Anlaß, ihn durch deine Liebe aus allen anderen Menschen herauszuheben? Und wir alle? Sind wir vielleicht nur alle ›Spiegel‹? Spiegel des Ewigen – manche blind, manche blank? Gustav Meyrink hat mal so etwas geschrieben und gesagt: ›Wohl dem, der von sich sagen kann: »ich bin geschliffen . . .‹ Wir erkennen uns in unsern Hunden, und Gott erkennt sich in uns. Vielleicht . . .«

»Ja, vielleicht?« sagte Balthasar, legte seine Hand auf

den Kopf seines Schäferhundes und suchte seine Augen: »Vielleicht, mein Hasso!« Dann richtete er sich entschlossen auf:
»Ach, man soll eine Liebe fühlen, aber nicht sezieren. Man soll so ein großes Geschenk, wie es ein wunderbares Tier ist, demütig nehmen, einfach hinnehmen und – dankbar dafür sein! Finden Sie nicht auch?«
»Ja.«

Wieder nach ein paar Tagen rief mir Balthasar von Fenster zu Fenster zu, daß sie mich, falls es mir nichts ausmache, am Nachmittag besuchen wollten. Ich erklärte auf demselben Wege, daß es mir nichts ausmache, und sorgte für Kaffee und Kuchen.
Pünktlich um vier Uhr erschienen sie, Balthasar in einem tadellos sauberen Anzug und Hemd.
»Was ist los?« sagte ich, »sind wir verkracht?«
»Nein«, erklärte er bedrückt, »ich arbeite abends.«
»Und warum ziehen Sie sich dazu an wie ein Dandy, und was hat das mit mir zu tun?«
»Es ist wegen Hasso – wir sprechen noch darüber.«
Besagter Hasso hatte ebenfalls seine Probleme. Er kam nämlich nicht durch die Tür, weil er darauf bestand, ein zwei Meter langes und fast armdickes »Stöckchen« mitzubringen. Wir sahen sprachlos seinem munteren Treiben zu. Er versuchte es zuerst frontal und krachte gegen die Türpfosten, daß das Häuschen bebte und ich annahm, er habe sich sämtliche Zähne ausgebrochen. Dann versuchte er es umgekehrt, mit dem Hinterteil voraus. Dadurch kam er zwar hinein, der Baum aber blieb draußen.
»Nun laß doch, sei nicht albern!« ermahnte ihn Herrchen. Hasso warf ihm über die Schulter nur einen aufgeregt-ärgerlichen Blick zu. ›Du scheinst nicht zu begreifen, worum es geht!‹
»Ich habe das Gefühl, daß er draußen die Türpfosten und die Wand zerkratzt«, sagte ich schüchtern.

»Ja, er ist so ein kleiner Dickkopf!« seufzte das Herrchen, ging an den Tisch und nahm ein Stück Kuchen: »Hier, Kerlchen – sieh mal – ei-ei – ein Kuchen!«
Hasso sah sich nicht einmal um. Darauf hielt Balthasar ihm den Kuchen vor die Schnauze. Hasso bewegte nur einmal unverbindlich die Nasenlöcher und zerrte weiter. Balthasar aß mit verzweifeltem Gesicht den Kuchen selbst auf und sagte, mir treu und kummervoll in die Augen blickend:
»Was soll man da machen?«
»Vielleicht in den Schwanz zwicken? Ich meine, wenn es mein eigenes Haus wäre, würde ich ja gar nichts ...«
Balthasar schnappte nach Luft: »In den Schwanz zwicken! Ein Tier mitten in der Seligkeit des Spiels von hinten angreifen! Das würde sein ritterliches Gefühl im tiefsten treffen! Er würde es Ihnen nie verzeihen!«
Inzwischen war Hasso wieder nach draußen gesprungen, sah sich den Baum eine Weile überlegend an und faßte dann einen neuen Entschluß. Er packte ihn und stellte den Kopf quer, so daß sein Riesenspielzeug schräg nach oben stand. Und siehe da – er schaffte es mit einem Anlauf. Er durchraste die Miniaturdiele, wobei die alte, elektrifizierte Stallaterne, auf die ich so stolz war, einen Kinnhaken bekam, daß sie wie bei Windstärke elf schaukelte, brach dann in das Zimmer selbst ein, warf einen Stuhl um und den Baum mir genau auf den linken Fuß.
»Au!« schrie ich und taumelte mit verzerrtem Gesicht auf die Couch.
»Tut es so weh?« fragte Balthasar, »Sie sind ja ganz blaß. Wo ist der Schnaps?«
Ich hielt mir stöhnend die große Zehe: »Sie scheinen zu übersehen, daß ich Hausschuhe anhabe!«
»Tatsächlich, ja!« meinte der andere ungerührt. Er hatte inzwischen den Schnaps gefunden und setzte die Flasche an den Mund. Dann goß er mir selbst einen Kleinen ein.
»Aber Sie müssen doch selbst zugeben«, meinte er, wäh-

rend ich gierig trank, »daß er eine ungeheure Kraft hat. Ein Prachtkerl.«
Der Prachtkerl blickte mit leuchtenden Augen zwischen uns hin und her, stieß ein herrisch-ermunterndes Gebell aus und packte, als nichts erfolgte, den Baum, um ihn mir erneut hinzuwerfen.
»Passen Sie auf dieses Wahnsinnsvieh auf!« schrie ich und zog beide Füße auf die Couch. Hasso stutzte, ließ den Baum fallen, daß die Zinnkrüge auf dem Bord klirrten, und richtete sich an mir hoch, als wollte er feststellen, warum ich so schrie. Er montierte mir mit der Pfote die Brille ab und leckte mir quer über das Gesicht. Ich mußte lachen, worauf er vollends die Couch enterte, mich nach hinten warf und sich quer über meine Brust legte.
»Nehmen Sie Ihren Bechsteinflügel von mir runter, zum Donnerwetter!« keuchte ich.
Balthasar nahm ihn sanft am Halsband und placierte ihn neben mich.
»Und beseitigen Sie diesen albernen Rammbock!« sagte ich, immer noch nach Atem ringend.
Der Maler erhob sich mit mürrischem Gesicht, öffnete das Fenster und warf den Baum hinaus: »Erledigt!«
»Meine Astern auch!«
Balthasar sah kurz hinaus: »Die sind sowieso bald abgeblüht – aber ich wollte was mit Ihnen besprechen.«
»Bitte sehr – die Einleitung war etwas stürmisch, müssen Sie zugeben.«
»Wie? Ach so – Haha – Aber um ernst zu sein...«
»Ich war gar nicht heiter...«
»Also, gut: Um das Gute vorwegzunehmen: Ich zeichne wieder.«
»Ich habe es durchs Fenster gesehen.«
»Tatsächlich? Hm. Aber es nimmt keiner, ich bekomme nach wie vor das meiste zurück.«
»Wundert mich. Soweit ich es sehen konnte, ist es ganz gut.«

»Ganz gut? Mann, ich sage Ihnen, es ist genau dreihundert Prozent besser als neunzig Prozent des Mists, der überall erscheint. Aber es liegt an den Witzen. Ich muß sie mir selbst machen – und um gute Witze von einem Humoristen zu bekommen, müßte ich bekannt sein. Da ich aber nicht bekannt bin – circulus vitiosus – Sie verstehen ...«

»Ich verstehe.«

»Könnten Sie mir nicht ein paar Witze machen?«

»Das wiederum verstehe ich nicht.«

»Schade. Na, jedenfalls habe ich eine Stellung angenommen. Als Schnellzeichner im ›Weißen Kakadu‹. Ich schände meine Kunst, aber von irgend etwas muß der Schornstein ja rauchen, und Hasso frißt für fünfundsiebzig Pfennig pro Tag.«

»Na, das ist doch großartig – ich meine«, verbesserte ich mich hastig, als ich sein düsteres Gesicht sah – »nicht, daß er so teuer frißt, sondern daß Sie die Stellung haben!«

»Und was mache ich derweilen mit Hasso?«

»Können Sie ihn nicht mitnehmen?«

»Unmöglich. Während ich bei diesem Spießer von Besitzer den Kontrakt abschloß, hat er ein Stuhlbein angefressen.«

»Wer – der Besitzer?«

»Hasso natürlich, seien Sie nicht albern. Er ist doch noch ein junger Hund und muß seine Zähne üben. Das hat der Kerl natürlich nicht verstanden.«

»Würde ich auch nicht.«

»Nicht?«

»Ich – ich meine, wenn ich dieser Kerl wäre.«

»Aha. Ja, also – was machen wir mit ihm?«

»Nun, bis nachmittags sind Sie doch zu Hause. Na und nachher – ich meine – ich könnte ja ...«

»Nein!«

»Nicht?«

»Nein, das kann ich Ihnen nicht zumuten. Außerdem wüßte er dann nicht, zu wem er eigentlich gehört.«

»Aha!«
»Jawohl: aha!« Er sah mich mit gesträubten Locken an wie ein kleines Kampfhähnchen. Dann kam er zur Besinnung und lachte verlegen: »Manchmal muß ich Ihnen doch wie ein Verrückter vorkommen!«
»Natürlich – ich meine, nein, natürlich nicht! Warum lassen Sie ihn nicht in dem Gehege? Ich habe beobachtet, daß Sie seit Tagen an dem Drahtverhau arbeiten wie ein Pionier im Krieg.«
»Weil er drüberspringt!«
»Dann sperren Sie ihn in die Hütte!« (Bei dem Wort »Hütte« zog Hasso den Schwanz ein und kroch von der Couch unter den Tisch.)
»In der Hütte ist es dunkel. Das Tier verkommt ja, wenn es stundenlang dort sitzen muß.«
»Dann machen Sie ihm Fenster hinein!« sagte ich ironisch.
Er starrte mich an, dann verklärte sich sein Gesicht. Er haute mich auf das Knie: »Mann – Sie haben's! Natürlich – Fenster!«
Die nächsten drei Vormittage saß er in der Hundehütte, während Hasso draußen spazierenging. Der dicke Wegner sah sich das Gemurkse eine Weile an und warf ihm dann einen Knochen hin. Als Balthasar aufblickte, zog er die Mütze und sagte: »Ach, Verzeihung, ich dachte, Sie wären Ihr Herr Hund!«
Dann kroch Balthasar auf meinem Dachboden herum und entdeckte allerhand Gläsernes, von dem er behauptete, daß es mein Freund bestimmt nicht brauche, und von dem er überhaupt nicht wisse, daß er es besitze. Er lieh sich einen Glaserdiamanten, klopfte und hämmerte, und eines Morgens war sie fertig: die erste Hundehütte doppelter Normalgröße mit Fenstern zum Hinausschauen. Befriedigt trat Balthasar am Nachmittag seinen Dienst an. Hasso, den er mit (sanftem) Fußsohlendruck in die Hütte hineinkomprimiert hatte, sah programmgemäß aus

dem Fenster, besonders, nachdem Herrchen weg war. Was er durch das Fenster sah, animierte ihn so, daß er wie ein Verrückter zu toben begann. Die ganze Hütte fing an, klirrend zu hüpfen. Ich versuchte, an meinem Füllhalter lutschend, eine Stunde lang vergeblich mich auf einen Artikel über die psychologischen Ausstrahlungen des Atomzeitalters zu konzentrieren. Dann ging ich hinüber, machte die Hütte auf und nahm Hasso zu mir. Er legte mir seine latschigen Riesenpfoten um den Hals und küßte mich schluchzend. Dann machten wir einen Spaziergang zum Wasserfall, er ausgelassen wie zehn nackte Wilde, ich schlotternd vor Angst, daß er mir davonliefe. Dann aßen wir zusammen Abendbrot, er knabberte die Hälfte meines Pantoffels zum Nachtisch, und dann sperrte ich das schlaftrunkene Riesenmöbel wieder in die Hütte.

Am nächsten Morgen sahen Balthasar & Co. in mein Fenster hinein: »Großartig!« sagte der Maler, »einfach großartig!«

»Großartig – was?«

»Die Sache mit den Fenstern. Als ich nach Hause kam, schlief er ganz friedlich und machte nur gerade so aus Gefälligkeit seinen Nachtspaziergang.«

»Na, dann ist ja alles in Ordnung«, sagte ich.

»Durchlaucht«

Die nächsten Wochen brachten wieder eine Flaute in unseren Beziehungen. Wenn wir uns am Tage trafen, grüßten wir uns mit freundlicher Würde. Hasso hatte sich allmählich an sein Aquarium gewöhnt. In der ärgsten Kälte lag er dort ganz zufrieden in seinem dicken Winterpelz, bis Herrchen nach Hause kam. Dann wurde er in die Laube genommen.

So sah ich ihn nur bei Tage, wenn er mit Balthasar spazierenging. Der Schnee, der zweite seines Lebens und wohl der erste, den er vollbewußt erlebte, war für ihn ein einziger großer Ulk, eine willkommene Komplikation seines Stöckchenspiels. Er fand es unfehlbar, auch wenn Balthasar es in die tiefste Wehe warf. Oft ging ihm (dem Hund) der Schnee bis an den Rücken, aber er behielt trotzdem seinen wilden Galopp bei, eine Bugwelle aufwerfend wie ein Motorboot. Bei alledem aber blieb er immer nur dem Menschen, seinem Menschen, zugewandt. Allerdings gab es ja auf unserer Seite des Bahndammes keinen Hund außer ihm, und jenseits des Dammes mit seinem donnernden und klirrenden Eisenungeheuer lag die verbotene Welt.

Es kam jedoch bald der Tag, da er sie betrat, ganz offiziell: Balthasar lud mich ein, mit ihnen beiden einen Weihnachtsspaziergang in die Stadt zu machen.

Zunächst ging es beim Sägewerk vorbei, das der grimme Dobermann Ajax bewachte. Vom Besitzer des Sägewerkes, dem schnauzbärtigen Herrn Messing, bezog Balthasar sein billiges Heizmaterial – eine ganze Schlittenladung Holzabfälle für zwanzig Pfennig.

Die Bretterstapel trugen hohe Schneehauben, das Werk lag schweigend, und von Ajax waren nur ein paar Fußstapfen vorhanden, die Hasso ernst und aufmerksam beroch. Er war übrigens in den letzten Wochen ganz auffallend gewachsen und hatte die weiche Latschigkeit des Junghundes fast verloren. Schließlich war er ja auch über ein Jahr alt.

Dann kamen wir, noch vor der Stadt, an dem Bauernhof vorbei, von dem er stammte. Zunächst schien er ihn in all dem Schnee nicht zu erkennen. Dann aber sprach uns der Bauer, der gerade meterhohe weiße Blöcke vom Dach schaufelte, an:

»Da ist er ja, der Strolch!« sagte er. »Schön groß ist er geworden und gut im Futter – Na, Hasso, kennst mich nimmer?«

Hasso, der eben noch einen raren Artikel, nämlich einen Pferdeapfel unter dem Eis hervorgekratzt und schließlich das Bein darüber gehoben hatte, blieb wie vom Blitz getroffen stehen. Die Rute sank langsam zwischen die Hinterbeine, das Licht in seinen Augen erlosch, der ganze Hund schien ein anderer zu werden und in Verzweiflung zu schrumpfen.
Wieder lag er vor der Hütte, das schnöde, schmerzende Eisen um den Hals. Fünf Schritte rechts, fünf Schritte links. Die Freiheit rings – doch unerreichbar. Stinkendes Futter, Abfall, Fußtritte, eisige Nächte auf kahlem Boden, daß einem nichts blieb, als der großen gelben Scheibe über den ungeheuren Rücken der Berge sein Leid zuzuheulen, dieses unermeßliche Leid, das so alt ist wie die Kreatur auf Erden – War der Traum zu Ende? Die Erde schien unter ihm aufzureißen, ein Rachen voll grimmer Zähne.
Aber da kam Herrchens Hand, strich seinen Kopf und nahm ihn fest am Halsband. Herrchen sagte irgend etwas zu der fürchterlichen Vergangenheit dort oben auf dem Dach, und dann zog man ihn weg, immer weiter weg, immer zwischen Herrchen und dem Freund.
Allmählich fühlte er das Zittern aus seinen Beinen weichen, das Herz begann wieder richtig zu schlagen. Der Traum war gar kein Traum! Ach, da wurde man so richtig übermütig, man mußte den Weg vorausrennen, hundert Meter weit, und dann umkehren und auf Herrchen und den Freund zuschießen und an ihnen hochspringen, daß man den Kopf über ihren Köpfen hatte, und ihnen mit den Pfoten gegen das Fell hauen, daß sie schimpften! Sie meinten es ja gar nicht ernst, sie waren ja genauso glücklich, sie verstanden es ja, alles! Und einen Stock mußte man ihnen bringen, sofort einen Stock – aber wo um Himmels willen einen hernehmen, man war ja schon mitten zwischen lauter Häusern –. Aber da ging ein altes Zweibein, mit einem Tierfell oben um den Hals herum

und einem anderen um den Kopf gewickelt, das hatte einen Stock in der Hand und brauchte ihn sicher nicht...
Hasso riß dem alten Herrn den Stock aus der Hand und brachte ihn uns triumphierend an, wobei er die Beine warf wie ein Lipizzaner bei der Hohen Schule. Der seines Haltes beraubte alte Herr stand wankend und hilflos, aber durchaus bösartig blickend.
»Um Himmels willen!« flüsterte Balthasar, »das ist der alte Oberstaatsanwalt Meyerhofer, ein ganz besonders widerlicher alter Eiszapfen. Außerdem schreit er immer gleich nach der Polizei. Er wird mich feststellen lassen – und das wäre für meine Stellung...«
Die pelzbesetzte Ruine machte eine halbe Linksschwenkung und nahm Kurs auf uns.
»Moment mal...«, flüsterte ich Balthasar zu, »ich habe eine Idee. Es ist mein Hund – und Sie reden mich mit ›Durchlaucht‹ an. Und mach den Mund zu, du siehst entsetzlich blöd aus...«
»Aber...«
In diesem Moment war die Ruine heran. Ich zog den Hut und sagte mit der Jovialität eines Kommerzienrates, der seinem alten Buchhalter begegnet: »Mein Herr – ein peinlicher Zwischenfall, den ich aufs tiefste bedauere.« Zu Balthasar: »Birgel, nehmen Sie dem Hund den Stock ab!« Wieder zu dem wutkauenden Eiszapfen: »Ich hoffe, Sie haben den nötigen Humor!«
Inzwischen hatte der Alte mit der Zunge sein Gebiß in Stellung gebracht: »Ich habe gar keinen Humor, mein Herr. Sie haben ein offensichtlich gefährliches Tier frei herumlaufen lassen. Es ist nur ein Zufall, daß ich nicht gestürzt bin. Ich bin leider gezwungen, Sie um Ihren Namen zu bitten. Andernfalls muß ich Sie polizeilich feststellen lassen. Ich bin Oberstaatsanwalt a. D. Meyerhofer!«
Seine Augen bohrten sich in die meinen in sicherer Erwartung meines Zusammenbruchs.

»Meyerhofer – Meyerhofer...«, sagte ich sehr obenhin, und zu Balthasar: »Hatten wir da nicht mal einen Senatspräsidenten Meyerhofer, Doktor?«
»Nein, Durchlaucht!« stammelte Balthasar.
Der Eiszapfen hob die beiden ausgefransten Zahnbürsten hoch, die bei ihm als Augenbrauen fungierten:
»Durchlaucht?«
»Liebenstein!« sagte ich, mich verbeugend.
Der Alte nahm aus Balthasars zitternder Hand seinen Steuerknüppel, in den Hassos Zähne einige tiefe Markierungen getrieben hatten: »Doch nicht der Prinz Liebenstein?«
Ich verbeugte mich lächelnd.
Der Eiszapfen hängte den Steuerknüppel über den linken Arm, riß sich den rechten Handschuh ab und wuchs mir in die Hand:
»Durchlaucht – Sie verzeihen bitte meine Heftigkeit!«
Dann trat für einen Moment wieder ein arglistig staatsanwaltliches Lauern in seine Augen: »Wie geht es Ihrem Herrn Großvater?«
Ich sah, wie sich auf Balthasars ebenfalls entblößter Stirn kalter Schweiß bildete. Er sah sich um, offensichtlich um festzustellen, wohin er ausrücken könne.
»Großvater?« fragte ich etwas befremdet. »Aber der ist doch seit zwanzig Jahren tot. Sie meinen doch den Regierungspräsidenten in Breslau? Oder meinen Sie meinen Vater?«
Jetzt zerschmolz der Eiszapfen zu eitel Sirup: »Natürlich – natürlich – Einem alten Manne gehen manchmal die Erinnerungen durcheinander. Sie wissen – Durchlaucht – Mein Vater war damals –. Ich meinte natürlich Ihren Herrn Vater.«
»Leider auch schon längst von uns gegangen«, erklärte ich in wohlgepflegter Trauer. »Aber Tante Anastasia lebt noch – die schöne Anastasia – Sie wissen – ich habe sie vorgestern in Paris getroffen.«

»Anastasia ...«, murmelte der Pelzmantel überwältigt, »– gewiß, ich erinnere mich.«
Ich sah auf die Uhr: »Herr Oberstaatsanwalt – ich freue mich, daß wir unter uns Kavalieren den Fall bereinigen konnten! Hasso ist noch ein Kind, kaum ein Jahr – Was haben wir nicht mit sieben Jahren getrieben – und noch später – in Paris – Haha!« Ich kniff ein Auge zu, klopfte ihm auf die Schulter und wandte mich dann an Balthasar: »Aber jetzt müssen wir uns eilen, haben Sie die Billetts besorgt, Doktor?«
»Noch nicht, Durchlaucht!«
Meine Augen wurden hart: »Dann ist es aber höchste Zeit! Herr Oberstaatsanwalt ...!«
»Durchlaucht – es tut mir sehr leid ...!«
Fünfzig Meter weiter sah ich seine Spiegelung in einem Schaufenster. Er stand immer noch mit der Mütze in der Hand.
»Siehste: So!« sagte ich zu Balthasar.
»Aber wie konnten Sie denn seine Fragen beantworten?«
»Ich kannte mal einen unehelichen Sohn des alten Prinzen, der sich auf Grund seiner Familiengeschichte durchpumpte. Es kostete mich damals zwanzig Mark. Ich glaube, die haben wir heute reingebracht!«
Es schien, als wolle Hasso uns im Laufe des weiteren Spaziergangs für die Angst entschädigen, die er uns bereitet hatte. In seiner Glückseligkeit, weiterhin zu uns gehören zu dürfen, war er die Liebe selbst zu allen Kreaturen. Er spielte mit einer kleinen Dackeline, reichte einem hinter einem Zaun wild bellenden Schäferhundkollegen die Pfote durchs Gitter und umarmte einen verrückten Drahthaarfoxl, obwohl der ihn zunächst in die Beine gebissen hatte. Er brachte es sogar fertig, sich mit dem ewig brummigen Bernhardiner aus dem »Lamm« (wo wir etwas gegen unseren Schrecken tranken) gutzustellen, indem er ihn hinterm Ohr leckte und sich schließlich ihm zu Füßen warf. Das gewaltige Haupt beugte sich gnädig

zu ihm nieder und beroch das Dargebotene. Dann brach der malerische Fellhaufen neben ihm zusammen, und so lagen sie Seite an Seite, daß der Lammwirt aus dem Kopfschütteln nicht herauskam:
»So kenne ich ja meinen Kuno gar nicht!«
»Hasso ist so ein gutes Tier!« sagte Balthasar zu mir, und ich pflichtete ihm ernst bei.
Dann begaben wir uns auf Umwegen heim, um nicht dem Eiszapfen zu begegnen, da doch »Durchlaucht« offiziell abgereist war.
Hasso hatte sehr viel zu schnüffeln. Jede Ecke war von Botschaften der Kollegenschaft geladen. Trotzdem schien er heilfroh, als der Kurort hinter uns lag und wieder silbergepuderte Tannen mit ihren tiefhängenden Zweigen unseren Weg säumten, denen der unter dem Eis murmelnde Bach das ewige Schlummerlied sang.
Als wir am Sägewerk vorbeikamen und nichts in uns fühlten als Dankbarkeit gegen die Schönheit ringsum, stand plötzlich Ajax, der Dobermann, vor uns, schwarz, muskelbepackt und wie aus Eisen, kalte Bosheit in dem schmalen Kopf. Unser Hasso, immer noch in seiner Seligkeit befangen, trabte freundlich wedelnd auf ihn zu. Erst ein paar Zentimeter vor dem anderen traf ihn die Ausstrahlung des Bösen, aber da war es zu spät. Ein schattenhafter Sprung des Dobermanns, und im nächsten Augenblick waren die beiden ein Knäuel. Es war ein kläglich einseitiger Kampf. Der alte Kämpe hatte mit sicherem Griff unseren Hasso so hinter dem Ohr gepackt, daß er gar nicht zum Beißen kam. Vergeblich suchte er den anderen loszuwerden, indem er sich hinwarf und ihn über sich schleuderte. Der blieb dran wie eine Bulldogge, und seine mörderischen Fänge senkten sich immer tiefer in den Hals des Jüngeren. Da öffnete Hasso den Rachen, und ein furchtbarer Jammerschrei, der Schrei der todbedrohten Kreatur, entfuhr ihm, während sich um ihn der Schnee von seinem Blut zu röten begann.

Dann ging alles blitzschnell. Mit einem Satz war Balthasar über den beiden, packte den Dobermann an den Hinterbeinen und riß sie auseinander. Ajax ließ Hasso los, fuhr herum wie eine Schlange und biß den Maler ins Handgelenk, daß er vor Schmerz aufschrie. Jetzt wollte Hasso Herrchen verteidigen, strauchelte auf halbem Weg vor Schwäche, versuchte jedoch wenigstens an den Dobermann heranzukriechen. Worauf auch ich endlich zu mir kam, eine Latte aus dem Schnee riß und sie dem Dobermann derart über den Rücken knallte, daß er aufheulend von dannen hinkte.
»Sie – erlauben Sie mal, was machen Sie denn da mit meinem Hund?« grollte plötzlich neben uns eine Stimme. Wie aus dem Schnee gewachsen stand da ein schnauzbärtiger Büffel mit blutunterlaufenen Augen: Herr Messing, der Besitzer des Sägewerkes. Während sich Balthasar ächzend das blutende Handgelenk hielt, setzte ich Herrn Messing auseinander, daß sein Hund erstens Balthasars Hund angefallen hätte und daß er (Messing) sich (zweitens) bei mir dafür bedanken könne, daß ich Balthasar vor weiteren Beschädigungen bewahrt habe. Balthasar sei, wie er wisse, Maler und könne ihn (Messing) bei schwerer Verletzung seiner Berufsgliedmaßen mit Erfolg auf lebenslängliche Rente verklagen. In diesem Falle würde ich (mit Balthasar weder verwandt noch verschwägert) mit Wonne gegen ihn (Messing) vor Gericht erscheinen.
Damit nahm ich Hasso an die eine und Balthasar an die andere Seite, und so wankten wir heim, eine geschlagene Armee, während der Schnauzbart tief versonnen zurückblieb, offenbar damit beschäftigt, sich die Höhe der Lebensrente eines Malers auszurechnen.
Daheim arbeitete ich mit Wasserstoff und einem zerschnittenen alten Hemd, um all das Blut zu stillen. Balthasar schleppte sich zwei Stunden später heroisch in sein Lokal zum Zeichnen. Ich behielt Hasso bei mir und wartete, bis der Maler spät in der Nacht heimkam. Er hatte

Fieber. Ich ließ ihn in meinem Bett schlafen und wanderte die Nacht über zwischen beiden hin und her. Hasso stöhnte, zitterte und soff ganze Kübel Wasser. Auch er fieberte.
Manchmal sah ich durchs Fenster. Erhaben draußen die Felszinnen und schlafenden Wälder unter dem Mond. Der Schnee glitzerte wie Millionen kleiner Topase. Welcher Gegensatz zwischen diesem Frieden draußen und dem Elend in meinem Holzhäuschen! Aber war es Friede draußen? Hundert kleine arme Rehe mochten indessen in irgendeiner Schneewehe erfrieren. Nur im toten Fels war Friede. Alles Lebendigen Teil war Schmerz. »Das ganze Sein ist flammend Leid«, hatte dereinst Gautama Buddha gesagt.

Ajax

Hasso und sein Herrchen kamen noch einmal glimpflich davon. Balthasar ohne Blutvergiftung, und Hasso, ohne daß man seinen zerfetzten Pelz nähen mußte.
Trotzdem war dieser Vorfall die Einleitung zu einer langen Pechsträhne. Ich hatte Pech mit einem Theaterstück, das wegen übergroßer Zeitnähe abgelehnt wurde, und Balthasar insofern, als der »Kakadu« das Programm wechselte und damit das Schnellzeichnen abschaffte und Herr Messing keine billigen Holzabfälle mehr lieferte.
Dafür erschien der von meiner Flankenmassage erholte Ajax jetzt auf unserer Seite des Bahndammes und forderte Hasso heraus. Wir hörten drei-, viermal am Tag sein rauhes Gebell. Täglich wagte er sich ein paar Meter näher an uns heran.
Der Winter war grimmig. Bei Tage knallte die Höhensonne, bei Nacht fror es Stein und Bein. Von meinem Dach herunter wuchsen armdicke Eiszapfen bis auf den Boden. Wenn ich morgens die Läden öffnete, zerbrachen

sie klirrend und fielen mit dumpfem Schlag auf die vereiste Erde. Mein Häuschen sah aus wie ein gläsernes Märchenschloß.

Hasso war seltsam verändert seit der Beißerei. Er schien im tiefsten verwirrt und klebte mehr denn je an seinem Herrchen. Die Herausforderungen des Dobermanns hörte er sich mit schiefem Kopf und eingeklemmter Rute an, sah oft fragend an uns herauf. Das einzige Tier, dem er noch unbefangen sein großes, liebevolles Herz zeigte, war Pitt. Die beiden fraßen jetzt zusammen aus einem Napf, und Hasso wusch den alten Kater jeden Morgen. Der ganze Pitt wackelte hin und her, wenn ihm die große Wolfshundzunge über den Pelz fuhr.

Der März brachte einen warmen Vorfrühling, der Schnee schmolz bis hoch hinauf ab, der Bach hinterm Haus tobte kaffeebraun und wild durch sein Bett und warf eine Menge Treibholz an Land.

Dann kam plötzlich eine Karte von Fred und Irene, den Besitzern meines Häuschens. Sie kämen mal (wegen des schönen Wetters) zu mir herunter, um nach mir und besagtem Häuschen zu sehen. Nächsten Sonnabend.

Meine Empfindungen über diese Ankündigung waren geteilt. Einerseits freute ich mich, die beiden zu sehen, andererseits –? Am Abend ging ich mit der Karte zu Balthasar hinüber. Herrchen saß vor der Staffelei und malte etwas schwer Verkäufliches. Hasso saß noch hoffnungsloser vor seinem Napf mit Kartoffeln und Brotrinden und wunderte sich offenbar, wo das Fleisch blieb.

Ich zeigte Balthasar die Karte: »Was machen wir denn nur mit dem Zaun, den unser Junge hier abmontiert hat?«

Der andere kratzte sich kurz den Kopf: »Ach, das ist das wenigste. Frostschäden, basta. Wir versprechen ihnen einen neuen.« Er seufzte tief. »Aber etwas anderes, etwas wirklich sehr, sehr Schlimmes – Ich glaube, ich muß Hasso weggeben.«

»Hass . . .?«

»Ja. Ich kann ihm schon seit einer Woche kein Fleisch mehr kaufen. Ein paar Knochen von Frau Wegner, der Guten ...«

»Aber wir könnten doch ... Sie werden doch um Gottes willen nicht ...«

»Unsinn! Sie haben genug für ihn getan. Außerdem kann ich meinen Hasso entweder selbst ernähren, und zwar anständig, oder ich muß eben ...« Er wandte nachdenklich die Karte in der Hand hin und her, und allmählich trat ein gespannter Ausdruck in sein vergrämtes, schmales Gesicht: »Sind die beiden eigentlich glücklich?«

»Wer?«

»Na, Ihr Freund und seine Frau?«

»Gott, was heißt glücklich – relativ glücklich – Sie langweilen sich so 'n bißchen miteinander, krachen sich auch manchmal, aber im allgemeinen – wieso?«

»Kinder?«

»Nicht, daß ich wüßte, wenn nicht gerade was unterwegs ist. – Aber ich glaube kaum.«

»Ausgezeichnet! – Glauben Sie, daß man ihnen Hasso geben kann?«

»Moment mal – ich muß mich erst mal hinsetzen. Sie sind etwas plötzlich heute abend.«

Ich ließ mich auf die Couch fallen. Hasso legte mir den langen Kopf in den Schoß, drehte die goldenen Augen zu mir herauf und wedelte matt. Er hatte eingefallene Flanken bekommen.

»Ich schlafe seit drei Nächten nicht mehr«, sagte Balthasar von der Staffelei her. Sein Hals schlotterte im Kragen, er hatte tiefe, harte Gramfalten um den Mund, und seine Hände zitterten.

Ich streichelte noch immer Hasso: »Aber dieses wunderbare Tier in der Großstadt! Nur die Wohnung und draußen Steine ...«

»Soll er hier verhungern? Wer nimmt ihn denn hier? Höchstens ein Bauer, der ihn wieder an die Kette legt.«

Die Zeit in dem kleinen Raum schien stillzustehen. Draußen toste der Bach.
»Gut«, sagte ich nach einer Weile. »Wir werden ihn bis Sonnabend herausfuttern. Das schlagen wir auf den Preis auf.«
Balthasar fuhr auf: »Preis? Keinen Pfennig nehme ich für ihn!«
»Aber Sie haben doch selbst ...«
»Das wären die Silberlinge des Judas.«

Am Sonnabendvormittag rollte Freds großes, schwarzsilbernes Kabriolett den Weg herunter. Es kam so leise, daß ich es erst bemerkte, als draußen der Schlag zufiel. Irene mit ihrem augenblicklich kupferroten Haar, noch röteren Lippen und den langen grünen Augen. Sie sah zum Anbeißen aus, und ich tat es, bis Fred mir die Schulter klopfte:
»Entschuldige, daß ich dich unterbreche, ihr könnt ja gleich weitermachen, ich möchte dir nur zwischendurch die Hand geben!«
Irene fand alles himmlisch: »Und da sind ja auch Schneeglöckchen – und die Berge – und das Häuschen! Fred, wir sind ja dumm, daß wir nicht selbst hier ...«
»Das sagst du jetzt, wo ich dir ...«
»Psst, psst«, sagte ich, »wartet mit dem Zanken, kommt erst mal rein. Drinnen habe ich für jeden von euch ein Beil und außerdem Frühstück.«
Drinnen aber lag Hasso vor dem Kamin und richtete sich majestätisch auf.
Irene stand erstarrt: »Seit wann hast du – Gott, ist der schön!«
»Ich habe gar nicht. Er gehört dem Nachbarn. Du kannst ihn ruhig anfassen.«
Sie tat es. Fred auch. Hasso ließ sich kraulen, lachte, gab Pfote und hing beim Frühstück bereits über Irenes Schoß.

»So was müßten wir haben, Fred! Ist der nicht zu verkaufen?«
»Nein, aber ich will euch mal was erzählen...«
Und ich erzählte ihnen die ganze Geschichte, einschließlich Balthasars Pleite und Hassos Abenteuer mit Ajax. »Ihr habt mich gefragt, ob er zu verkaufen ist«, schloß ich dramatisch. »Das ist er nicht. Aber zu verschenken.«
»Das kann man unmöglich von dem Mann annehmen«, sagte Fred, »gerade unter diesen Umständen. Übrigens entsinne ich mich, daß er nie Geld hatte, auch damals, als das Haus gebaut wurde.«
Irene, die während der ganzen Zeit Hassos Kopf gestreichelt hatte, sah plötzlich auf: »Du, Fred, mir kommt ein Gedanke. Du bist doch im Aufsichtsrat von der Industrie-Reklame. Sagtest du nicht, Hans, daß seine Zeichnungen – ich meine, die Zeichnungen von dem Enderle nebenan – nicht schlecht seien?«
»Soviel ich davon verstehe...«
»Fred, er soll uns die besten mitgeben! Laß sie mal prüfen. Wenn sie was taugen, kann die ›Phönix‹ doch mit Leichtigkeit...«
Fred wehrte sich: »Kind, du weißt, ich nutze ungern meine Stellung aus. Meist sind solche Zeichner und Maler Dilettanten, ich glaube nicht an verkannte Genies. Wenn man dann...«
»Gut, wenn du dir in die Hosen machst, wende ich mich direkt an Häußler!«
»Das wirst du nicht...«
»Und so weiter, und so weiter«, sagte ich. »Mit einem Wort: Du machst es, Fred. Brüll nicht. Bis spätestens heute abend hat sie dich doch weich. Warum den schönen Tag deswegen versauen? Ich hole Enderle mal rüber.«
Balthasar erschien blaß, aber gefaßt. Man war erst förmlich und tauschte Erinnerungen an den Bau des Hauses aus. Dann kam man zur Sache. Balthasar erklärte, er wäre glücklich, wenn Hasso gerade in ihre Hände käme. Ich

mußte ihn dabei wie hypnotisiert anstarren. So sah es also aus, wenn man das Liebste im Leben verlor. Wegen ein paar schmutzigen Pfennigen, die man zuwenig verdiente. Er hielt sich großartig, nur seine Backenmuskeln spielten, während er Hasso streichelte, und seine Augen wurden trüber –. Fred und Irene sahen taktvoll um ihn herum. Irene sprach schnell von seinen Zeichnungen, und Balthasar ging gierig darauf ein. Nicht aus Geldgier, fühlte ich, oder weil ihm ganz von fern eine Chance winkte, sondern einfach, um nicht loszuheulen.

Wir preßten uns in seine Bude, und er legte die Zeichnungen vor. Ich weiß nicht, ob es der Schmerz war, aber seine letzten erschienen mir besonders gut. Die beiden, die erst pflichtschuldig und nachsichtig hingesehen und den Dunst des engen Raumes mit wackelnden Nasenflügeln in sich aufgenommen hatten, wurden bald aufmerksam. Zum Schluß stand Fred auf und legte dem anderen die Hand auf die Schulter:

»Ich will Ihnen nichts versprechen, weil ich nicht viel davon verstehe. Ich bilde mir aber ein, so was wie durchschnittlichen Publikumsgeschmack zu haben, und die ›Phönix‹-Leute haben schon manchmal mein Urteil eingeholt. Und ich muß sagen: Ich freß ’nen Besen, wenn an Ihren Sachen nicht was dran ist! Geben Sie sie mir mit. Alle!«

Balthasar murmelte, während er mit zitternden Händen ein dickes Zeichnungsbündel schnürte: »Ich weiß nicht, wie ich Ihnen ...«

»Sie mir? Ich Ihnen! Es ist nur ein kleiner Gegendienst für dieses wunderbare Tier, das Sie uns – hm ...«

»Kinder, kommt ’n bißchen an die Luft!« sagte Irene.

Draußen spielte Fred mit Hasso Stöckchen.

»Mach man, mach man, Dickerchen«, sagte Irene, »das tut dir gut! Er hat einen richtigen Biermagen bekommen«, sagte sie zu mir. »Du bist ja noch immer tadellos schlank. Wie machst du das?«

»Sehr einfach. Fred sollte vier Wochen allein mit Hasso verreisen.«

»Schaut mal – da ...« schrie Fred vom Weg her.

Als wir endlich wußten, was er meinte, waren die Dinge schon in voller Entwicklung. Ajax war in seinen täglich frecher werdenden Herausforderungen den ganzen Weg bis zu unserer Häusergruppe heruntergestelzt und dabei auf Pitt gestoßen. Der alte Kämpe, an Hunde mit bösen Absichten gar nicht mehr gewöhnt, hatte eine halbe Sekunde zu spät gemerkt, daß der schwarze Tod auf ihn zukam. Er erreichte den Baum vor Wegners Baracke nicht mehr und wurde von Ajax in die Ecke zwischen zwei vorspringende Holzwände gedrängt. Er fauchte, buckelte und machte einen verzweifelten Ausfall gegen den Dobermann. Der wich mit der unfehlbaren Sicherheit des alten Fighters auf den Zentimeter genau so weit zurück, wie es nötig war, um Pitts Krallenhieben zu entgehen. Dann packte er nach, und seine furchtbaren Fänge gruben sich in den kleinen Katzenkörper. Pitt schrie jammervoll auf.

Hasso hatte während des Beginns der Tragödie vor Fred gestanden und ihm immer wieder den Stock hingeworfen. Dann hatte er gemerkt, daß etwas los war, hatte sich umgedreht und dumpf, aber fast unhörbar zu knurren begonnen, als er Ajax sichtete. Seine Nackenhaare sträubten sich, und lautlos schoben sich die Lefzen über den schneeweißen Hauern in die Höhe. Dann bemerkte er, daß es nicht um ihn, sondern um Pitt ging. Er ließ einen Moment die Lefzen sinken, machte ein paar Schritte auf die beiden zu und sah ziemlich verwirrt drein, während seine Rute in schlangenhaften Windungen hin und her schlug. Für eine Sekunde schien die Liebe zu seinem kleinen Freund mit dem Ur-Instinkt zu kämpfen, der ihn überreden wollte, sich an der Katzenjagd an der Seite des anderen Hundes zu beteiligen.

Als jedoch Pitts Jammerschrei ertönte, ging es los. Mit

einem gewaltigen Satz war Hasso über dem Dobermann und schlug ihm die Zähne in den Nacken. Ajax brach unter dem Ansturm in die Knie. Das schwarze kleine Bündel Pitt entfiel seinem Rachen, schleppte sich weg und wurde von Balthasar in Sicherheit gebracht. Er rannte mit ihm in die Laube und erschien gleich wieder. Sein Gesicht war bleich und furchtbar.
Inzwischen hatte Ajax den vergeblichen Versuch gemacht, Hasso abzuschütteln. Unter dem Fell der beiden großen Bestien, die es jetzt waren, spannten sich die Muskeln. Hassos Zähne drosselten wie ein Schraubstock. Der Dobermann, der wieder in die Knie gesunken war, begann zu keuchen, die Augen traten ihm heraus. Unter den Kiefern Hassos hervor rann es dunkelrot in sein Fell. Schließlich gelang es ihm, sich auf den Rücken zu werfen, Hasso wurde zur Seite geschleudert, war aber sofort wieder über ihm. Dabei war er unvorsichtig, und die Zähne des Dobermanns schnappten um seinen rechten Vorderlauf wie eine Wolfsfalle. Der Schäferhund stieß einen unterdrückten Laut aus und fuhr dem anderen an die Kehle. Ungeachtet des rasenden Schmerzes in seinem Bein drückte er zu, und diesmal war es der Dobermann, der loslassen mußte. Von Hassos Vorderlauf baumelte ein großer Hautfetzen, das Blut strömte und mischte sich mit dem des Feindes.
Wie im Traum sah ich Irene neben mir, mit aufgerissenen Augen, die Hände vor den Mund geschlagen. Fred stand da, Hassos Stock in die Luft gehoben, neben ihm Balthasar in ähnlicher Gebärde mit einem Knüppel, aber keiner konnte zuschlagen. Ajax röchelte, seine Vorderläufe schlugen Hasso ins Gesicht, während er sich wie eine Schlange über den Boden wand. Hasso ließ einen Moment los und packte einen dieser Vorderläufe. Diesmal war es Ajax, der aufschrie. Er riß sich mit letzter Kraft los, die beiden fauchenden, schäumenden Zahnreihen gerieten ineinander, daß es krachte. Es folgten ein paar

blitzschnelle Bisse, die wir kaum verfolgen konnten. Hasso wich zurück, der Dobermann wollte ihm nach, stürzte auf seinem zerbissenen Bein nach vorn, und da hatte ihn Hasso wieder am Genick, schüttelte den Erlahmenden durch, und dann riß er den schweren Körper hoch und schlug ihn auf die Erde, zweimal, dreimal, bis er unbeweglich liegenblieb. Hasso blieb über ihm stehen, schwer keuchend. Aus seinem Maul rann das Blut auf den geschlagenen Gegner. Einen Moment sah er an seinem verletzten Vorderlauf herunter, leckte ihn, wimmerte leise. Der Dobermann lag immer noch, das Maul in Qual aufgerissen, die Flanken pumpend. Eine große, brennend rote Lache breitete sich unter ihm im Staub aus. Und da tat Hasso etwas Seltsames, er hob über dem Feind das Bein, ausdauernd und gründlich. Der Dobermann, als diese Triumphbenässung brennend in seine Wunden drang, fuhr hoch. Hasso grollte und fletschte, aber in dem anderen war der Kampfgeist zerbrochen. Er schleppte sich stolpernd und laut stöhnend von dannen. Fast hätte ihn noch der Zug gefaßt, als er über den Bahndamm nach Hause kroch.

Jetzt erst löste sich unsere Spannung. Irene lachte und weinte in einem und ließ sich neben Hasso nieder, der auf seine Keulen gesunken war. Als Balthasar hinzulief, hielt er ihm stöhnend den zerrissenen Lauf entgegen. Wir rannten und redeten durcheinander, wuschen, lobten, streichelten, verbanden. Schließlich wischte sich Fred erschöpft über die Stirn:

»Das war ein Kampf! Jetzt hast du's ihm doch noch heimgezahlt, Hasso. Aber wir werden ihn so gar nicht mitnehmen können!«

»Laßt ihn bei Herrn Enderle«, sagte ich, »bis er wieder in Ordnung ist. Dann bringe ich ihn euch in die Stadt.«

In diesem Augenblick drängte sich etwas zwischen uns durch: Pitt, schmerzgekrümmt. Er roch an Hassos verbundenem Bein, miaute jämmerlich und schmiegte sich in das Fell des Schäferhundes. Dann begannen sie sich gegenseitig zu lecken.

Abschied

Es dauerte fast zwei Wochen, bis Hasso genesen war. Der Biß hatte die Sehnen bloßgelegt. Pitt ging es noch schlechter, und wir bangten drei Tage lang um sein Leben. Und dennoch war jeder Tag der Rekonvaleszenz ein Geschenk. An ihrem Ende stand die Trennung, und die Trennung kam. Fred und Irene mahnten ungeduldig. Am letzten Abend brachte mir Balthasar seinen Gefährten: »Ich möchte, daß er diese Nacht bei Ihnen schläft.«
Ich sah in sein schlaffes Gesicht, seine leeren Augen: »Wenn ich nicht wüßte, daß wir in unserem Winkel keinen Gasanschluß haben, würde ich Sie davor warnen, Dummheiten zu machen.«
Hasso machte es sich ohne weitere Umstände bei mir bequem. Er hatte ja schon mal in diesem Zimmer geschlafen, und außerdem war ihm das Haus vertraut. Er brachte es fertig, sich so zusammenzukringeln, daß er in den Klubsessel paßte. Ab fünf Uhr morgens siedelte er in mein Bett über und schlummerte in meinem Arm, während ich keineswegs schlummerte, zumal er auf rätselhafte Weise während des Schlafes wuchs und nach einer Stunde ungefähr das gesamte Bett benötigte. Es war ganz gleich, welche Ausweichmanöver ich unternahm, jede Kuhle und jede Ecke des Bettes, die ich preisgab, füllte sich sofort mit schlafendem Hund. Als ich ganz munter war, sprang er aus dem Bett, ging nebenan auf die Couch und schlief dort erst richtig ein. Ich stand auf, ging zur Bahnhofswirtschaft hinunter und holte Brötchen, beim Hin- und Rückweg Balthasars Laube mit scheuen Blikken streifend. Schließlich hielt ich es nicht mehr aus und klopfte. Keine Antwort. Ich spähte durchs Fenster – leer.

»Er ist in der Stadt geblieben«, sagte Frau Wegner aus dem Fenster ihrer Baracke. Da war auch plötzlich Hasso. Schlicht aus meinem Fenster gesprungen. Er schnüffelte an der Tür der Laube, kratzte, sah mich wedelnd an. »Herrchen ist weg«, sagte ich und ärgerte mich, daß es mir plötzlich aus den Augen lief.
Dann frühstückten wir, ich nahm ihn an die Leine und ging zum Bahnhof. Es kostete einen Ringkampf, ihn in den Zug zu bringen. Er war doch erzogen, vor der Eisenbahn davonzulaufen!
»Du bist ein Esel«, sagte mein schlechteres Ich, »was lädst du dir das alles auf? Es geht dich doch nichts an!«
Endlich saß er zwischen meinen Füßen im Abteil und quetschte sich an mich. Immer wieder wandte er seine Augen zu mir empor: Da ist doch was nicht in Ordnung? Was machst du mit mir?
Ich streichelte seinen Kopf, krabbelte seine Brust. Er zitterte.
Hauptbahnhof. An der Billettsperre wollte er in die Holzwanne des Knipsers springen. Er hielt es wohl für eine Art Hütte. Dann hebelte ich ihn in die Straßenbahn. Vorderplattform. Er sträubte sich. Die Leute lachten. Es war alles wie ein häßlicher Traum. Endlich bei Fred. Er war im Geschäft, aber Irene war da. Sie war noch im Schlafrock, in einem meergrünen, tief ausgeschnittenen, verführerischen Gebilde, das zur Farbe ihrer Augen paßte. Sie begrüßte mich zärtlich, das kleine Luder. Schon immer machte es ihr Spaß, ein bißchen mit mir zu spielen. Dieses Mal war der Vorwand ganz legal: Dank für den Transport des Hundes. Für Hasso gab es schon ein Kissen mit seinem Namen und einen großen Gummiknochen mit Schokoladengeruch, der knackte, wenn man darauf biß: letzter Schrei der Hundefans aus dem Fachgeschäft. Irene kniete sich vor Hasso nieder und umarmte ihn. Er leckte ihr flüchtig über das Gesicht, begann in der

Wohnung umherzuschnüffeln, roch an den köstlichen Fleischbrocken, die in seinem Napf in der Küche bereitstanden, löffelte ein paar davon ein, kam dann wedelnd zu mir zurück: ›Ist ja alles ganz nett, aber wann fahren wir heim?‹

Ich ging bald und in dem Bewußtsein, meine Hand zu einem Schurkenstreich geliehen zu haben.

In meinem Haus in den Bergen betäubte ich mich mit Arbeit. Balthasar und ich gingen uns einen Monat lang aus dem Wege. Dann kam er eines Abends zu mir herüber: »Haben Sie irgend etwas gehört?«

Ich reichte ihm einen Brief Irenes. Er war schon drei Wochen alt, aber ich hatte ihn für Balthasar aufgehoben:

»In der ersten Woche hat er nichts gefressen. Dann aber hat er alles nachgeholt. Wir fahren oft mit ihm in den Park, wo eine Hundewiese ist. Am Wochenende nehmen wir ihn auch in den Wald mit. Er ist lieb und zärtlich. Eines Tages wird er sicher unser Hasso sein...«

Balthasar zerriß den Brief und legte die Fetzen schweigend in den Aschenbecher.

Zwei Wochen später kam er mit einem Brief der Reklamegesellschaft: »... und freuen wir uns mitteilen zu können, daß Ihre Plakate ›Bergfreude‹ und ›Für unseren Hund‹ ein beachtlicher Erfolg wurden. Mit gleicher Post geht Ihnen Ihr erster Honorar-Anteil in Höhe von eintausendzweihundertsiebzig Mark an Ihre Adresse zu. Wir würden uns freuen, wenn wir weitere Beiträge...«

»Na, das ist doch großartig!« sagte ich.

»Die Silberlinge«, murmelte er, »die Silberlinge...«

»Ach, sei nicht albern!« sagte ich.

»Jetzt könnte ich ihn ernähren! Fahren Sie mal hin?« fragte er dumpf.

»Erst in einigen Wochen.«

Er ging ohne ein Wort.

Ich kam erst gegen Abend bei meinen Freunden an. So traf ich sie alle beide. Sonst hatte ich mich immer darauf gefreut, mit ihnen beisammen zu sein, so einfach sie zu sehen, bei ihnen zu sitzen, zu beobachten, wie Fred seine Zigarre zerkaute und Irene den Kaffee eingoß, ein körperliches, schwereloses Wohlbehagen an der Gegenwart geliebter Menschen. Außerdem hatte ich es stets großartig gefunden, mal wieder in Zivilisation zu schwelgen: Frühstück ans Bett, heißes Bad, eine große Bibliothek, die Atmosphäre einer gepflegten und kapriziösen Frau, Theater – Oper –

Diesmal aber stand ich beklommen vor der Tür, wie würde ich Hasso finden? Ich brauchte nicht lange, um es festzustellen. Als ich klingelte, hörte ich ein tiefes Knurren hinter der Tür. Die Stimme des Mädchens: »Ruhig, Hasso, Platz!« Während sie aufschloß, hörte ich ihn durch die Tür schniefen und meine Witterung nehmen, und dann begann er laut aufzuheulen. Drinnen fiel er, während das Mädchen aufschrie, über mich her. Mit einer geraden Linken erledigte er meinen Blumenstrauß (drei langstielige Rosen für Irene), und mit einem rechten Aufwärtshaken feuerte er die Zigarren für Fred an die Decke. Dann fiel er mir um den Hals, leckte mir die Brille von der Nase, kratzte mir über die Stirn und riß mir nekkisch den Schlips aus der Jacke. Ich setzte mich auf den Boden und schnudelte ihn ab.

In diesem Augenblick erschienen Fred und Irene.

»Mein Gott ...«, sagte sie, »ein Trümmerhaufen! Hasso, jetzt läßt du ihn in Ruhe. Platz! sage ich.«

Fred bog sich vor Lachen. Dann halfen sie mir beide beim Aufstehen. Hasso legte sich drinnen vor den Schreibtisch und lachte.

Als ich zu Atem und durch einen doppelten Whisky pur zur Besinnung gekommen war, konnte ich ihn in Ruhe ansehen: ein Bild, einfach ein Bild! Er war noch größer und stärker geworden. Etwas behäbig und ungeheuer majestätisch. Wie er dort auf dem Perser lag – ein königliches Tier. Ich sagte es den beiden. Sie freuten sich und knieten sich zu ihm. Während sie ihn neckten, tatzte er mit der Pfote und sah sie freundlich-vertrauensvoll an. Und doch stach mich etwas an alledem. Es war ein wunderschönes dekoratives Tier bei lieben, guten Menschen – aber es war nicht Hasso. Der wirkliche Hasso war irgendwo noch da – in der Tiefe. So, als er jetzt zu mir kam, sich zu meinem Knie drängte und mich mit aufgestellten Lauschern fragend ansah. Ich wußte, was er fragte.

Derweilen überstürzten sich Irene und Fred in Erzählungen: »Das laß mich mal erzählen – Ach, ist ja ganz falsch – Das hat ja gar nicht der Kuni-Tölz über ihn gesagt, sondern der Baron Oppenheim ...«

Ich hörte, daß er der König aller Hunde ringsum war, die er mit lässiger Majestät beherrschte. Soundso viele wollten ihn zum Belegen ihrer Hündinnen haben, obwohl er keinen Stammbaum besaß. Wegen dieses Stammbaums habe Fred Nachforschungen eingeleitet.

»Die ersten Wochen«, erzählte Irene, »war es schlimm mit ihm, selbst nachdem er wieder fraß. Manchmal, mitten im Spiel, wurde er böse, funkelte uns an, zog sich unter den Schreibtisch zurück – das ist seine ›Höhle‹, mußt du wissen – und knurrte uns von dort aus an. Als wenn ihm plötzlich etwas einfiele ...«

»Ich hab's ihm nicht übelgenommen«, meinte Fred. »Das ist ein Zeichen von Charakter.«

Dann ging es weiter: Daß er ein Kissen zerrissen habe und Irenes Pantoffeln bewache, während sie im Bad sei, und daß er sich einmal übergeben habe, und was der Tierarzt über ihn gesagt hatte, den man gleich am Morgen holte. Und daß er so gerne Auto fahre und sich aus den Mülltonnen alte Knochen hole, obwohl er doch so gutes Fressen bekomme – und – und – und –.

Während der ganzen Zeit blieben wir Auge in Auge. Dann zog ich den großen Kopf an mein Gesicht: »Herrchen liebt dich noch so furchtbar«, flüsterte ich in sein Ohr, »er kann und kann dich nicht vergessen, mein Löwe, mein geliebter ...«

Irene verwirrte mich, indem sie sich lässig auf die Lehne meines Sessels setzte und mir den Arm um den Hals legte.

Ich meinerseits konnte nicht umhin, meinen Arm um ihre Taille zu legen.

Fred grinste, nahm die Zigarre aus dem Mund: »Weißt du, mit den eigenen Frauen ist es im wesentlichen so wie mit dem eigenen Haus: Man zahlt, und die anderen haben den Spaß ...«

»Unverschämter Kerl«, sagte Irene und sortierte meine Lockenreste, »aber was ich dir noch erzählen wollte, weißt du, was Hassos neuester Einfall ist?«

»Ach ja ...«, schrie Fred, »das muß ich dir erzählen.«

»Nein – ich erzähle es, fang dir deine Geschichten gefälligst allein an!«

»Er fährt Straßenbahn!« sagte Fred.

»Stra ...?«

»Ja, Straßenbahn«, sagte Irene. »Mutterseelenallein. Wo wir doch nie fahren. Komisch, was?«

»Immer mit der Linie 8«, fuhr Fred fort. »Wie er das herausfindet, ist einfach rätselhaft. Er steigt auf, fährt bis zum Hauptbahnhof und mit derselben Bahn wieder zurück.«

»Na, das ist ja toll«, sagte ich, »ihr solltet mit ihm auftreten!«

Dann sprachen wir von etwas anderem.

Nach drei Tagen fuhr ich wieder heim. Fred war, als ich mich verabschiedete, schon im Büro. Hasso war verschwunden – spazierengegangen. Irene lag noch im Bett. Sie bot mir, sich wohlig dehnend, an, mich zum Bahnhof zu fahren.

»Nein«, sagte ich, »ich kann nicht bis Mittag warten. Auf Wiedersehen – Potiphar ...«

Dann packte ich mein Köfferchen, ging hinunter und kletterte auf meine Linie 8. Ich witterte schon wieder meine Berge und pfiff vergnügt vor mich hin.

Ich ergatterte meinen Lieblingsplatz im Wagen, ganz vorn, von wo man auch auf die Plattform hinaussehen kann. Mir gegenüber saßen eine sehr große, dicke Frau und ein sehr kleiner, dünner Mann, der in regelmäßigen Abständen auf ihren Redefluß mit »Ja, mein Liebling!« antwortete. Beide musterten mich mit giftigen Blicken. Auf der Plattform draußen standen außer dem Fahrer vier Männer, darunter einer mit Rucksack. Neben ihm ein riesiger Schäferhund, der ab und zu an dem Rucksack roch. Ein riesiger – dieses Gesicht – diese Farben – war das nicht –.

In diesem Augenblick kam der Schaffner und klopfte an die Vorderscheibe. Die vier Männer wandten sich um und zahlten. Zuletzt der mit dem Rucksack.

»Und der Hund!« sagte der Schaffner und riß noch ein Billett ab.

»Is nich mein Hund!« antwortete der Mann.

»Wessen Hund denn?« fragte der Schaffner. Keiner meldete sich. Der Schaffner machte ein amtliches Gesicht, öffnete die Tür zur Plattform und musterte die vier mit stählernem Blick: »Irgend jemand muß der Hund doch gehören!« Er wandte sich an den mit dem Rucksack: »Machen Sie doch keine Geschichten, Herr, der Hund hat doch dauernd hinten an Ihnen gerochen!«

Der Mann wurde wütend: »Na, und ...? Meinetwegen kannste auch hinten an mir riechen!« (Gelächter.)

»Das ist Beamtenbeleidigung!«

»Beamtenbeleidigung? Hach, atme erst mal tief, Otto. Das ist nicht Beamtenbeleidigung, das ist Blutwurst. Die hab ich im Rucksack. Eingekauft für meine Alte!« (Gelächter.)

Ich krümmte mich vor Vergnügen. Das Beste an der Sache war Hassos Physiognomie. Er merkte genau, daß dicke Luft war, hatte die Ohren angelegt und starrte geradeaus, als wollte er sagen: Macht das untereinander aus, geht mich gar nichts an!
Jetzt kniete sich der Schaffner, puterrot vor Wut im Gesicht, vor Hasso hin, zeigte auf den mit dem Rucksack: »Ist das dein Herrchen?«
Hasso reichte dem Schaffner gravitätisch die Pfote.
»Na also«, sagte der mit dem Rucksack. »Dein Hund, Otto!« (Brüllendes Gelächter.)
»Ich verstehe gar nicht, was es darüber zu lachen gibt«, sagte die dicke Frau mir gegenüber. »Der Schaffner tut doch nur seine Pflicht!« Sie musterte mich mit giftigen Blicken.
»Gewiß, mein Liebling!« echote ihre halbe Portion von Mann und funkelte mich ebenso an, während ich mir die Tränen aus den Augen wischte.
»Wo ist Herrle?« fragte der Schaffner wieder. Der Schweiß stand ihm auf der Stirn. Hasso wandte sich indigniert um, hob witternd die Nase – und plötzlich stand er auf, kam auf mich zu und fiel mir um den Hals, während er mit der Rute das dicke Weib und ihren Wasserzwerg abbürstete.
Ich fühlte, wie sich um mich ein luftleerer Raum bildete.
»Na, ist denn so was möglich!« keuchte schließlich die Dicke. »Sitzt dieser Mensch die ganze Zeit dabei, und – geh weg, mit deinem Hinterteil, Sauvieh ...«
»Ja, geh weg, Sauvieh, dreckiges!« sagte der kleine Mann.
»Sie! Warum haben Sie denn das nicht gesagt?« fragte der Schaffner mit der Ruhe des Vesuvs fünf Minuten vor dem Ausbruch.
»Aber er ist doch gar nicht mein Hund!« keuchte ich, noch immer lachend, »sei artig, Hasso!«
»Sie!« zupfte ein Herr den Schaffner am Rock, »der Herr da hat recht. Bei Ihrem Kollegen ist neulich auch das Sau-

vieh mitgefahren, und als es Krach seinetwegen gab, ist es einfach ausgestiegen!«
»Aber er hat ihn doch Hasso genannt«, keifte das Weib, »da muß es doch sein Hund sein!«
»Und wer sagt Ihnen, daß dieser – dieser Herr neulich nicht auch im Wagen war? Vielleicht hat er den Hund abgerichtet!« giftelte der Wasserzwerg.
»Herr!« brauste ich auf, »das ist eine Verdächtigung, das ist ...«
»Zeigen Sie mir mal Ihre Papiere!« sagte der Schaffner.
»Das habe ich nicht nötig – das brauche ich nur bei der Polizei! Laut Grundgesetz habe ich ...«
Der Schaffner klingelte dreimal, der Wagen hielt: »Da drüben steht ein Polizist«, sagte er. »Ich werde ihn rufen. Sie werden ihm Ihre Papiere zeigen, und wenn Sie darauf bestehen, daß der Hund nicht Ihnen gehört, werden wir ihn dem Hundefänger übergeben!«
»Seife sollte man aus ihm kochen!« zischte die dicke Frau. Es wurde nicht ganz klar, ob aus Hasso oder mir. Aber das ging schon an mir vorbei: Hundefänger! Hasso beim Hundefänger! Er drängte sich an mich, als fühle er die Gefahr.
»Gut«, sagte ich, »ich zahle.«
»Und Sie steigen besser aus«, meinte der Schaffner und fügte grinsend hinzu: »Weil Ihr Hund nämlich keinen Maulkorb hat!«
Die zehn Schritte bis zum Ausgang lief ich Spießruten. Dann rief ich wutschnaubend Fred im Büro an: »Und jetzt muß ich noch ein Taxi nehmen, um diesen Herrn zu euch zurückzubringen!« schloß ich.
»Das ist ja entzückend!« keuchte er, »nein, ist das komisch! Im übrigen nimm ruhig ein Taxi, du hast lange genug bei uns Schäferhund geschnorrt!«
»Ich bring dich um!« schrie ich zurück.
»Wer liebt, muß zahlen!« Und damit hängte er auf.
Ich nahm ein Taxi und fuhr Hasso heim. Irene fand es

auch »wahnsinnig komisch« und bestand darauf, daß ich zum Mittag blieb. Dann fuhr sie mich doch zur Bahn. Ich habe was gegen autelnde Frauen. Auch wenn sie gut fahren, habe ich immer das Gefühl des Dilettantischen, und daß sie ihren Schutzengel über Gebühr strapazieren. Ich kam erst im Abteil wieder zu mir.

Und da ging mir plötzlich die Bedeutung dessen auf, was ich erlebte. – Er wollte heim. Natürlich wollte er heim. Immer wieder zum Bahnhof zurück, wo dieses neue Leben für ihn begonnen hatte, dieses neue Leben, das er höflich und freundlich hinnahm, ohne das andere zu vergessen, das sein wirkliches und eigentliches war, und sein altes Herrchen, das sein einziges war und blieb.

Und aus dieser Erkenntnis, die mich wie ein Blitz traf, kann ich das schildern, was kurz darauf geschah –

Die Stimme

Nachdem ich Hasso wieder zurückgebracht, rumorte es in ihm weiter. Mein Erscheinen hatte eine Art geheimnisvoller Revolution in ihm ausgelöst. Man könnte auch sagen, daß ich der Zündfunke war, der die seit langem angesammelte sehnsuchtsvolle Spannung zur Explosion brachte. Bisher hatte hinter seinen Straßenbahnausflügen ein dumpfes Suchen gelegen. Mein Auftreten war ein Befehl. Der alte Freund kam und brachte Herrchens Geruch mit sich und die Spuren der Heimaterde an den Schuhen und das Rauschen des Gießbaches, das wohlige Schnurcheln Pitts, das Sausen des geworfenen Stockes, das Röcheln des besiegten Ajax, das Brausen des Windes in den Tannen und das Wehen der Wolken um die vereisten Riesentürme der Felsen.

Da waren die beiden anderen. Seine neuen Freunde – nicht aber seine Götter und Herren. Es war vielleicht unrecht, ihre guten Hände und Stimmen zu verlassen, und es war bestimmt schwer, von den fetten Bissen und prächtigen frischen Knochen wegzugehen, aber alles war wesenlos vor dem Befehl, vor dieser Stimme, die da rief und rief –

Ja, woher rief sie? Mitunter, während er zwischen Fred und Irene am Abendbrottisch saß und von ihnen gefüttert wurde, kam diese Stimme so deutlich aus der Wand, daß er den Kopf schief legte und die Ohren hin und her wandte, um die Richtung zu ermitteln.

»Es war uns direkt unheimlich«, erzählte mir später Irene. »Er starrte über uns weg, und in sein Gesicht trat ein fast irrsinnig verzückter Ausdruck. Dazu winselte und keuchte er.« – »Als ob er eine Vision hatte!« sagte Fred, »es lief uns allen kalt über den Rücken.«

Und an einem Morgen ging Hasso.

Zunächst fuhr er wieder mit der Linie 8 zum Bahnhof. Sonst war er immer ratlos umgekehrt, weil es dort nicht weiterging. Diesmal ging es weiter. In seinem Innern war ein Schild heruntergeklappt, und auf dem Schild stand »Schiene«. Das war zwar verboten und furchtbar, aber es führte zu Herrchen.

Schiene – Er lief in den Bahnhof, durch die Sperre, über die Perrons, wo schrecklich schnaufende Eisenungeheuer standen, die ihn zittern ließen. Man schrie hinter ihm her – er setzte sich in Galopp. Jetzt war er schon außerhalb der Bahnhofshalle und lief neben einem Schienenstrang entlang.

Nach ein paar hundert Metern teilten sich die Geleise. Er stand verdutzt, dann sagte ihm der Kompaß in seinem Kopf: Süden – diese! Er trottete den rechten Strang entlang. Immer neben den Schienen, immer auf dem dikken Schotter. Nach einer Weile begann alles zu zittern. Er sah sich um – da wuchs es aus dem Boden, das donnernde Eisenrechteck, und sauste auf ihn zu. Los! Er jagte den Bahndamm hinunter, bis es oben vorübergerollt, geklingelt und gescheppert war. Unten am Bahndamm war eine Laubenkolonie und die Spur einer läufigen Hündin. Er witterte, roch im Gras umher, aber dann rief die Stimme. So erklomm er den Bahndamm wieder und zog in dem gleichmäßigen Wolfstrott weiter, der sich ihm plötzlich beigesellt hatte, aufgewacht aus den tiefsten Schichten seines Ichs, wo es in das große Zentral-Ich aller Geschöpfe mündet und die Erfahrungen der Urzeit gestapelt liegen –.

Trap-trap-trap-trap – hopp. Über die spitzen Schottersteine unter der immer glühenderen Sonne. Gegen Mittag schlugen die Schienen einen weiten Bogen nach Westen. Der Kompaß rebellierte. Mit ausgedörrtem Rachen, die Zunge welk zur Seite heraushängend, die Flanken pumpend, stand Hasso, von Zweifeln befallen. Ein donnernder Zug jagte ihn vom Damm. Unten war eine Wiese, von einem Bach durchlaufen. Er soff, stellte sich hinein. Zwischen seinen Zehen stiegen kleine rosa Wölkchen auf. Blut, das unter den durchgescheuerten Ballen vorkam. Süden!

Schweren Herzens verließ er die Schienen und schlug sich querfeldein. Über sonnendurchglühte Wiesen, von denen lockend die Kaninchen und Hasen sprangen, über Stoppelfelder, die höllenscharf in seine wunden Pfoten stachen, um Gehöfte herum, aus denen ihn seine Gefährten zum Spiel riefen, durch Wälder ... Zweimal schossen Jäger auf ihn, weil sie glaubten, er wildere. Der eine Schuß streifte seine Hinterkeule, fuhr fauchend in den Stamm neben ihm. Er beroch die frisch gesplitterte Stelle, aus der die Hitze des Bleis glohte, hinkte stöhnend weiter.

Süden!

Das Gelände stieg an. Eine lange Hügelkette. Als er oben stand, sank er zusammen. Er konnte nicht mehr. Während er mit pumpenden Flanken lag, und der Hunger in seinen Eingeweiden zu wühlen begann, wurden seine Augen ganz groß. Hinten am Horizont hoben sich

ehrwürdige Häupter aus dem Dunst – die Berge. Er wußte nicht, daß sie noch fünfzig Kilometer entfernt waren.
Er stand auf, schleppte sich den Hügel hinunter –. Die Nachmittagssonne brannte. Dann ein Bach, mit Büschen umstanden. Eine Ringelnatter schlängelte vor ihm weg, ein paar Frösche sprangen kopfüber ins Wasser. Eichelhäher aus einem nahen Wäldchen strichen aufgeregt käkkernd über seinen Kopf. Er soff, kroch in den Busch zurück, schlief ein.
Als er erwachte, ging gerade die Sonne unter. Er stand auf, soff noch einmal, beleckte sich die Wunde am Schenkel, humpelte dann weiter. Das Bein war steif und schmerzte, in den Zehen stach es wie mit glühenden Nadeln – Süden!
Es wurde kühler, die Sterne kamen heraus, dann der Mond. Aber schließlich, als er wieder einmal auf einem Hügel ankam, donnerte es unter ihm durch, schimmerte es lang und silbern im Mondlicht – da waren die Schienen wieder! Fast waren sie ihm nun Freunde ...
Ein paar Kilometer trottete er über den spitzen Schotter, dann, als es gar nicht mehr ging, hatte er es gelernt und schlich am Fuß des Bahndammes durch die Wiesen. Der Tau kühlte seine Wunden. Dafür wurde der Hunger immer schlimmer. Ein Stadthund, ein verwöhnter Stadthund mit regelmäßigen, fetten Mahlzeiten – Er roch sie vor sich, die Näpfe mit duftendem Fleisch, köstlichen Knorpeln, beseligenden Knorpeln. Diese Vision wurde so schmerzhaft deutlich, daß er stehenblieb und sich umwandte ...
Süden!
Und dann, im Morgengrauen, als ihn die Müdigkeit fast schon wieder zu Boden drücken wollte, war es, als ob die Stimme plötzlich anschwelle, noch stärker würde. – Dort der Baum – das Haus – da, einen Kilometer weiter der Fels. – Hier war er schon gewesen – vielleicht als ganz

junger Hund vom Bauern einmal mitgenommen, auf dem Leiterwagen, hinter dem trabenden Pferd –
Jetzt die Berge immer höher. Ihre Spitzen färbten sich rot. Die Stimme – die Stimme ...

Finale

Ich saß in einem Autobus mit einem schnauzbärtigen Gorilla als Chauffeur, der darauf bestand, über die dicksten Steine zu fahren. Es sei eine Probefahrt, hatte er mir, dem einzigen Passagier dieses etwas gespenstischen Vehikels, über die Schulter hin erklärt.
Ich beschwor ihn, aufzuhören, ich glaubte ihm die Tüchtigkeit seiner Donnerkiste ohnehin aufs Wort. Aber er fuhr unerbittlich weiter, und ich wurde geschüttelt – hin- und hergeschüttelt. – Bis ich merkte, daß ich tatsächlich geschüttelt wurde.
Vor meinem Bett stand Balthasar in dem (noch immer ungewaschenen) Schlafrock mit wirrem Haar und Augen wie ein Wahnsinniger. Ich war mit einem Ruck wach:
»Was ist los? Brennt's?«
»Entschuldigen Sie – Übrigens hatten Sie mal wieder die Tür aufgelassen und die Läden nicht zugemacht ...«
»Was – ist – los, zum Donnerwetter?«
Er ließ sich auf mein Bett fallen: »Er ist da!«
Merkwürdig. Ich wußte sofort, wen er meinte.
»Vor einer Stunde. Es kratzte an der Tür. Er lag da und wedelte mich an. Aufstehen konnte er nicht mehr.«
»Was haben Sie gemacht?«
»Dunkelheit, warme Milch, die Pfoten verbunden, die nur noch rohes Fleisch sind, und eine große Wunde an der rechten Hinterkeule. Sieht wie ein Streifschuß aus. Er – er – leckte mir – dauernd die – Hand ...«
Und dann schlug er die Hände vor das Gesicht und heulte wie ein Schloßhund. Plötzlich riß er das verschmierte

Gesicht hoch: »Ich gebe ihn nicht mehr her – nie mehr – Eher . . .!«

»Ach, halt die Klappe!« sagte ich, stand auf, ging ins Zimmer und goß mir erst mal einen Schnaps ein. Das Telefon klingelte. Während ich den Hörer abnahm, hörte ich in meinem Rücken ein Geräusch und wußte: Jetzt stand er hinter mir in der Tür des Schlafzimmers und starrte mich angstvoll und wild an.

Es war Irene: »Hans – entschuldige – daß wir dich so früh stören. Wir haben die ganze Nacht nicht geschlafen . . .«

»Er ist hier!« sagte ich.

»Bei – bei dir?«

»Nein, bei seinem Herrchen.«

»Aber . . .«

»Er ist offenbar die ganzen sechsundneunzig Kilometer hintereinander durchgelaufen. Seine Pfoten sind wund, im Schenkel hat er einen Streifschuß – aber er ist glücklich.«

Im Hörer war nur ein Atmen.

»Irene«, sagte ich, »du bist immer ein feiner Kerl gewesen und dein Fred erst recht. Ihr habt euch großartig benommen und habt Hasso alles gegeben, was ihr konntet. Daß da etwas Entscheidendes war, was ihr ihm nicht geben konntet, ist nicht eure Schuld. Auch Balthasar hatte keine Schuld. Er hatte nichts mehr für ihn zu fressen und entschied, daß er nicht das Recht habe, ihn deswegen zu töten. Jetzt kann er ihn ernähren . . .«

»Ja, weil ich ihm die Verbindungen verschafft habe!« sagte plötzlich Freds Stimme.

»Fred, wenn du eine Wut hast – und ich verstehe völlig, daß du sie hast – Und nicht nur Wut, denn ich weiß, wie lieb ihr ihn habt – Also, wenn – dann entlade alles auf mich. Ich hätte es vorher wissen müssen . . .«

Am Apparat war ein heftiges Räuspern. Dann Freds undeutliche Stimme: »Und du meinst nicht . . .«

»Laß ihn bei seinem Herrchen. Er ist selig. Und für die, die ihn wirklich lieben, geht es doch zuerst um ihn, nicht wahr? Er hat für uns alle entschieden.«
»Rede nicht so geschwollen, Affe!«
»Na also, dann sind wir uns ja wieder einig.«
»Hol dich der Teufel!«
Dann kam noch einmal Irenes Stimme: »Dürfen – dürfen wir ihn wenigstens besuchen?«
»Ich glaube, es gäbe für uns alle hier nichts Schöneres, Irenchen.«

Nach einer Woche hatten wir Hasso wieder in Schuß. Balthasar kaufte sich einen neuen Anzug und zwei neue Hemden und lud mich zu einem Abendessen mit allen Schikanen in die Stadt ein. Alles von den »Silberlingen des Judas«, die er bis dahin nicht angerührt hatte.
Wir gingen schon früh los, denn wir wollten um neun Uhr wieder zurück sein.
Die Berge wußten, was sie der Kurtaxe schuldig waren, und hatten ein prächtiges Alpenglühen angelegt. Balthasar und ich hatten Duzfreundschaft geschlossen, gingen Arm in Arm und warfen ein paar alleinstehenden Kurgästinnen feurige Blicke zu. Vor uns trabte unser Löwe mit einem alten Zaunpfahl als Stöckchen. Der Schmutz, der ursprünglich daran war, klebte teils an unseren Händen, teils an den Hosenbeinen.
Vor dem Sägewerk rannten wir in Ajax. Unsere Herzen blieben stehen, die Hunde auch. Dann ließ Hasso das »Stöckchen« fallen und ging auf Ajax zu. Der stand erstarrt wie ein Holzpferd und wagte sich nicht zu rühren. Nur vorn zeigte er einen weißen Zahn. Hasso roch nonchalant an dem Zahn, dann am Gegenteil, und dann hob er das Bein und entlud das ganze Bassin über Ajax. Der triefte, er zitterte, aber er sagte keinen Mucks.
»Weitergehen!« flüsterte ich. Wir taten es. Bald darauf war Hasso wieder bei uns. Er balancierte seinen Pfahl

und warf die Beine wie ein Lipizzaner in der Reitschule. Nach hundert Metern begann Ajax hinter uns zu schimpfen. Hasso hörte nur flüchtig hin. Dann warf er uns den Pfahl vor die Füße:
»Wau – wau – He, ihr Kerls, seid nicht so faul, spielt mit mir!«

Tommy

Ich träumte, daß wieder Krieg sei. Irgendwo stand ich auf einem Turm hinter einem vergitterten Fenster, unter mir das Häusermeer der verdunkelten Stadt, wie geduckt in der Erwartung des Furchtbaren. Und dann kamen die Bomber, niedrig fliegende Riesenvögel. Mein ganzes Zimmer bebte unter dem Dröhnen ihrer Motoren. Ich mußte die dort unten warnen – aber ich blieb wie festgeschmiedet in der typischen Lähmung des Angsttraumes. Und dann kamen die Bomben: blaue und gelbe Blitze, ohrenbetäubendes Krachen, Toben, Dröhnen, der Boden wankte – und ich war erwacht.

Aber wo? Ein fremdes Bett, ein schmales Fenster mit einer Eisenstange in der Mitte. Und jetzt – ein blendend blauer Blitz, schmetternder Donner. Wo war ich? Ich saß aufrecht und versuchte meine Gedanken zu sammeln. Ach Gott – ja – Ralphs Blockhaus! Er hatte mich eingeladen, war am Nachmittag weggefahren, kam morgen wieder. Meine Gedanken waren noch verwirrt vom Traum – aber inmitten dieser Verwirrung hörte ich nebenan ein Geräusch: splitterndes Glas. Jemand hatte die Fensterscheibe eingeschlagen! Und jetzt ein Keuchen, ein Zerreißen, Krachen, Knacken von Holz – Einbrecher! Ausgerechnet, das mußte mir passieren!

Einen Moment tastete ich nach dem Lichtschalter – nein, nur kein Licht machen, vielleicht war er bewaffnet?

Wollte wohl durchs Fenster, spürte den Eisenstab, versuchte jetzt den Rahmen herauszubrechen oder das Schloß aus der Tür. Es gab nur eine Chance. Ich schwang mich aus dem Bett, sah mich um. Vor dem Bett stand ein Bauernschemel, ich legte ihn vorsichtig um und wuchtete mit aller Kraft ein Bein los. Der Schweiß rann mir von der Stirn, und außerdem hatte ich ziemliche Angst. Nie wieder eine so gottverlassene Blockhütte! Wenn der nun drin war, ehe ich das Bein los hatte, und selbst, wenn ich es los hatte – Endlich!

Vorsichtig öffnete ich die Tür zum Nebenzimmer, natürlich knarrte sie. Aber im Schein eines neuen Blitzes sah ich, daß das Zimmer wenigstens noch leer war, die Tür verschlossen. Unter dem Fenster neben der Tür hatten für eine Sekunde die Scherben aufgeblinkt. Jetzt wakkelte der Holzrahmen. Ich schlich mich so weit heran, wie ich es konnte, ohne mir die Füße an den Scherben zu schneiden, riskierte es dann, mich einen Moment aufzurichten und herauszuschauen. Prasselnder Regen. Jetzt wieder ein Blitz – ich erstarrte. Das war ja gar kein Mensch da vor dem Fenster! Ein Ungeheuer, mit glühenden Augen und offenem Rachen, weiße, starrende Zähne! Und jetzt schob sich eine große schwarze Tatze durch die zerbrochene Scheibe herein – und plötzlich mußte ich laut lachen! Tommy – mein Gott! Zuviel Schnaps getrunken! Tommy!

Jetzt erst fiel mir der Rest der Geschichte ein: Wie mich Ralph am Nachmittag empfing, mir erklärte, er müsse für einen Tag verreisen, und wie mich, während er noch mit mir sprach, etwas von hinten anstieß, daß mir fast die Knie einsanken. Wie ich mich umwandte und einen riesigen, schwarzen Neufundländer sah, eine Kreuzung zwischen einem Bechsteinflügel und einem Grislybären, der sich an mir rieb, vergnügt wedelte, als ich ihn ansah und hinter den Ohren kraulte, und dann meine Hand spielerisch in seine gewaltigen Fänge nahm.

»Wo hast du denn dieses Möbel her?« fragte ich Ralph. Er lachte: »Das ist Tommy, er ist noch nicht alt, fünf Jahre – und noch viel jünger von Gemüt. Kümmere dich 'n bißchen um ihn, er braucht viel Liebe. Der Schnaps steht unten links im Schreibtisch, Zigarren im Mittelfach, und jetzt muß ich weg; auf Wiedersehen morgen abend!«

Ich schob den Riegel vor der Tür zurück: »Ja, Tommy, bist du denn verrückt?«
Er stürzte herein, daß ich fast zu Boden fiel, sauste ins Nebenzimmer. Ich drückte mit Mühe die Tür wieder zu, um Sturm und Regen auszusperren, stopfte ein Kissen in das zertrümmerte Fenster. Dann machte ich Licht, ging nach nebenan. Kein Tommy. Doch! Da kam eine Wasserlache unter dem Bett vor! Und gleichzeitig fuhr am Fußende zwischen den beiden Bettpfosten etwas hin und her: ein verlegen wedelnder Schwanz. Ich sah nach der Uhr: Drei Uhr morgens. Am Abend hatte er nicht mit mir im Zimmer bleiben wollen, war ihm wohl zu heiß. Ich tat ihm den Willen, ließ ihn hinaus. Wahrscheinlich war er gewohnt, draußen zu schlafen. Aber was war das jetzt? Angst vor dem Gewitter? Das ganze Bett wackelte, so zitterte das Tier. Merkwürdig! Hätte ich ihm gar nicht zugetraut.
»Komm doch vor, Tommy«, sagte ich, »sei nicht blöd!«
Er kroch vor. Kurz darauf ein Donnerschlag, aber schon ziemlich in der Ferne. Trotzdem durchlief ihn ein neues konvulsivisches Zucken. Das Riesenvieh versuchte mir auf den Schoß zu kriechen, legte mir die Tatzen um den Hals und schmiegte den Kopf an mich. Ich spürte seinen heißen, hechelnden Atem an meinem Ohr, mein Pyjama wurde quietschnaß von dem aus seinem Fell abrinnenden Regen. Einen Moment packte mich wieder die Furcht: Mit solch einem Tier allein in der Nacht – wenn er nun überschnappte oder toll wurde? Ich nahm seinen Kopf von meiner Schulter, sah ihm in die Augen. Ach, keine

Rede von toll. Das waren die Augen eines kleinen, furchtsamen Negerjungen, die mich da flehend ansahen! Ich zog ihn wieder an mich, der Pyjama war ja sowieso erledigt.
»Tommychen«, sagte ich – ein Genick hatte der Kerl wie ein Bulle! – »Tommychen, was ist denn, mein Kind, sei friedlich! Sieh mal, es hört doch schon auf! Seit wann hat ein Bechsteinflügel vor Gewitter Angst, ein Grislybär, ein Ungeheuer!«
»Schäm dich was!«
Ich sprach noch eine halbe Stunde mit ihm, allmählich wurde ich wieder müde, das Gewitter verklang in der Ferne. Er zitterte nicht mehr, wurde aber wieder unruhig, wogte zur Tür, dann wieder zurück zu mir, stieß mich mit dem Kopf, wieder zur Tür, zerrte an der Klinke.
»Wieder raus? Na, meinetwegen. Aber komm mir nicht wieder rein, du, ich will nämlich auch 'n bißchen schlafen!« Ich öffnete die Tür, er wedelte kurz, sah mich dankbar an und verschwand in der Dunkelheit. Ich zog mich aus, trocknete mich ab, buddelte dann einen frischen Pyjama aus Ralphs Kommode und legte mich wieder hin. Als ich das Licht ausgelöscht hatte, hörte ich ein Heulen. Es kam droben aus dem Bergwald, der hinter dem Haus anstieg: der traurige Klageruf eines einsamen Wolfes. Aber ich wußte, daß es Tommy war. Seltsames Tier – meine Sinne verwirrten sich, und ich schlief wieder ein.
Am nächsten Morgen schien alles vergessen. Die Sonne schien. Ich rasierte mich gerade, da kratzte es an der Tür. Tommy. Er wedelte mich an, hatte eine Brombeerranke um den Kopf geschlungen wie einen Jungfernkranz, und aus dem Hinterteil ragten ihm ein paar ausgerissene Zweige.
»Komm rein, du Unband«, sagte ich. »Sieh dir das mal an, meine ganze Brust zerkratzt, und da hinten – mein Pyjama!«
Er setzte sich und gab mir die Pfote. Eine dicke Ange-

legenheit aus fünf Gummikissen mit langen Krallen. Es war unmöglich, ihr zu widerstehen.

»Na ja – ist gut«, sagte ich, »wir sind alle 'n bißchen verrückt, warum nicht auch du! Komm, frühstücken!«

Wir teilten die Wurst und die Milch, und während ich mich fertig anzog, hatte er sich unter dem Tisch zusammengekringelt und sofort zu schnarchen begonnen. Es klang wie eine alte Baumsäge, die an einen Knorpel gekommen war. Dann ging ich hinaus, er war sofort wach und hinter mir. Ich schloß das Haus ab und stieg zum Wald herauf. Er immer mit mir, meist ein paar Schritte voraus, blieb dann stehen, wedelte, lachte mich an.

Dann aber, an einer Wegkreuzung, als ich geradeaus wollte, packte er meinen Fuß. Dann trottete er ein paar Schritte in den Seitenweg hinein, sah sich um, kam wieder zurück, stieß mich an.

»Da lang? Na, meinetwegen.«

Es ging einen steilen Abhang herauf, er immer vornweg, sich dauernd umsehend. Jetzt links eine Lichtung mit einem großen Hof darauf.

»Dorthin?«

Nein, er wollte am Rande des Waldes bleiben. Jetzt waren wir oberhalb des Hofes. Brombeergestrüpp, eine Lichtung mit großen Baumstümpfen, Erdbeeren, Himbeeren, Schmetterlingen. Er steuerte auf eine Stelle zu, hob den Kopf schnüffelnd in die Luft, roch dann am Boden, scharrte mit den Pfoten. Ein Fuchsloch? Ein Kaninchenbau? Wildlosung? Nein, nur Moos. Aber dieses Moos war schon verdorrt, war wohl schon früher zur Seite gescharrt worden. Er roch herum, sah mich ratlos an, scharrte weiter, legte sich schließlich nieder, mitten in die pralle Sonne. Ich stieß ihn mit dem Fuß an: »Komm! Ist dir ja viel zu heiß! Was soll denn das?«

Aber er wich nicht, und immer dieser flehende Blick, schweres Hecheln: Verstehst du mich denn nicht?

Schließlich ging ich achselzuckend weg. Er folgte nicht.

Erst als ich nach einer Stunde schon fast wieder am Haus war, brach er plötzlich neben mir aus dem Dickicht, ganz erschöpft. Unten soff er den halben See aus, legte sich dann zu meinen Füßen. Merkwürdig, alles sehr merkwürdig. Irgendein Geheimnis mochte dahinter sein, diese panische Angst vor dem Gewitter, das seltsame Scharren auf dem Platz dort oben im Wald –

Als Ralph abends zurückkam und wir über einem Kognak zusammensaßen, erzählte ich ihm das Vorgefallene. Er schüttelte lächelnd den Kopf: »Ich hätte dich darauf vorbereiten sollen, aber ich hab's tatsächlich vergessen, entschuldige bitte!«

Er lehnte sich zurück, zündete sich eine schwarze Brasil an: »Ja – es steckt tatsächlich etwas dahinter, und etwas sehr Seltsames sogar. Es ist eigentlich das, was mich bestimmte, Tommy zu mir zu nehmen.

Aufgewachsen ist er droben auf dem Hof, den du gesehen hast. Huber vom Berg heißt der Bauer, und da es ein Einödhof ist und weil es vor Jahren noch sehr unsicher war rundum, mit allerhand zweifelhaftem Volk in den Wäldern, hielt er sich immer große Hunde. Als Tommy dort einrollte, drei Monate alt, ein schlaksiges, schwarzes Knäuel wie ein junger Bär anzuschauen, war da schon ein Hund, ein wunderbarer Schäferhund: Hannibal. Ich entsinne mich noch ganz genau an ihn. Es war jene Art von Schäferhundrüden, die etwas von einem Löwen an sich haben, ein wahrhaft königliches Tier. Hannibal beroch erst dieses weiche, dunkle Bündel, das da auf ihn zuwogte und ihn mit spitzen Zähnen am Fell zauste. Er stieß es einmal mit der Pfote an, und da lag es schon auf dem Rücken und präsentierte ihm, mit allen vier Pfoten in der Luft, einen kugelrunden Kinderbauch. Ich war gerade droben auf dem Hof, als sich das abspielte. Ich streichelte Hannibal über den riesigen schmalen Schädel und sagte: ›Ist ja dein Brüderchen, sei lieb zu ihm! Sieh mal, er ist so dumm, und er braucht dich so! Mußt nett zu ihm sein!‹ Und ich streichelte auch das Wollknäuel, das sich daraufhin in meinen Finger verbiß und an ihm zu nuckeln begann, und sagte noch einmal nachdrücklich: ›Brüderchen!‹

Hannibal hörte sich das mit schiefgeneigtem Kopf und hechelnder Zunge an. Seine flammenden Augen gingen zwischen mir und Tommy hin und her, als überlege er sich meine Worte. Dann beroch er sich noch einmal den Neuling, gab ihm einen Stups mit der Nase und ging zu seiner Hütte. Tommy wackelte hinterher.

Dort an der Hütte enterte Tommy Hannibals Freßnapf. Er stieg ihm sozusagen mit allen vieren ins Mittagessen und schnurchelte darin herum. Das war etwas, was jeder andere Hund mit dem Tode gebüßt hätte. Hannibal zog einen Moment drohend die Lefzen hoch, dann sah er mich an, lachte, hob das strampelnde Knäuel aus dem Napf und begann ihm das Fett aus dem Fell zu lecken.

Von diesem Tage an waren die beiden unzertrennlich. Hannibal wurde Tommys strenger Lehrmeister. Er zeigte ihm, wie man nachts rund ums Gehöft auf Wache ging, wie man Kater und Fuchs verjagte, die Kuhherde zusammenhielt, Fremdlinge stellte, daß sie sich nicht vom Fleck zu rühren wagten. Aber er zeigte ihm auch, wie man gelegentlich einen Abstecher in den Wald machte und sich dort verbotenerweise einen jungen Hasen griff.

Tommy betete Hannibal dafür an, obwohl dieser, wie gesagt, ein strenger Lehrmeister war und ihm nichts durchgehen ließ. Es gab Ohrfeigen mit der Pfote, Knuffe und gelegentlich auch einen kräftigen Biß, wenn man mal gar nicht begreifen wollte. Wenn es zum Fressen ging, hatte man bescheiden im Hintergrund zu warten, bis der Herr und Meister sein Teil empfangen hatte, dann erst kam man an die Reihe. Wenn Herrchen guter Laune war, war es selbstverständlich Hannibal, der seine Liebkosungen zuerst einheimste. Dann erst durfte Tommy ein Streicheln über den Kopf und ein kräftiges Klopfen auf die

Hinterkeulen kassieren. Sehr oft, wenn ich abends beim Huber auf Besuch war und heimging, konnte ich die beiden beim Kontrollgang beobachten. Vorauf Hannibal. Er hob kurz die Nase gegen mich und bekundete durch ein flüchtiges Wedeln, daß ich in Ordnung sei und er mich hiermit begrüße. Dann richtete er sich auf, drückte mit der Pfote die Klinke des Gartentors auf und ging durch. Hinter ihm in ehrfürchtigem Drei-Schritt-Abstand wogte die Riesengestalt Tommys, der nun schon voll ausgewachsen war: anderthalb Jahre. Mit angelegten Ohren wanderte er seinem Meister nach und wagte vor lauter Pflichteifer nicht, mich zu begrüßen. Tat er es einmal doch, kam er zu mir und steckte mir den dicken Kopf zwischen die Knie, dann war einen Augenblick später Hannibal neben uns: Wau-wau-wuwu dröhnte er mit erhobenem Kopf. Das galt sowohl mir wie Tommy, und beide waren wir schuldbewußt. Tommy kauerte sich nieder, Hannibal trat über ihn und: Wau-wau-wuwu mit der Löwenstimme, packte ihn am Ohr und stieß seinen Kopf fünf-, sechsmal gegen die Erde. Dann ging Hannibal weiter auf seinem Rundgang, Tommy hinter ihm her. Hannibal wandte sich noch einmal zu mir um, ein kurzes Wau: Du darfst den Kerl nicht ablenken, er ist sowieso so dumm und faul!

Eines ist mir übrigens in all der Zeit nicht gelungen: mit beiden zusammen spazierenzugehen. Wenn ich mal beim Huber war und es versuchte, ging es nur ein paar hundert Schritte. Dann blieb Hannibal stehen und sagte mit gewaltig dröhnendem Wu-wu dem Schwarzen seine Meinung. Der kauerte sich nieder und sah mich aus seinen Negeraugen kläglich an: ›Siehst du – so ist er!‹ Wir gingen allein weiter, Hannibal und ich, und wenn Tommy manchmal versuchte, sich heimlich hinterherzuschleichen, kehrte Hannibal um, packte ihn am Ohr und stieß ihn mit der Schnauze kräftig auf die Erde: ›Du bleibst daheim, verstehst du?‹

Ob es Eifersucht war oder ob er wollte, daß der Hof bewacht wurde – ich weiß es nicht.
Andererseits konnte ich oft beobachten, wie Hannibal über dem schwarzen Fellhaufen stand und ihm mit den Riesenzähnen zärtlich im Fell knackerte, als sei er noch drei Monate alt und er müsse ihm nicht nur den Vater, sondern auch die Mutter ersetzen. Tommy derweilen fegte, ganz hingerissen von Dankbarkeit und Wohlbehagen, mit der buschigen Rute den Boden.
Die Jahre verrannen. Vier Jahre. Hannibal war nun schon zwölf, ein hohes Alter für einen Landhund, der nicht so wie ein Tier in der Stadt vor der Witterung bewahrt ist. Die vielen kalten Nächte machten sich bemerkbar. Der Rheumatismus hatte seine Hinterhand schon fast gelähmt, und der Huber begann davon zu murmeln, daß man sich wohl demnächst von ihm trennen und ihm den Gnadenschuß geben müsse.
›Tu das nicht, Huber‹, sagte ich ›noch macht ihm das Leben Spaß und das Fressen Freude! Und er ist so ein treues Tier!‹
›Das wohl‹, knurrte der Huber, ›hatt nie 'nen besseren.‹
Und gerade um diese Zeit ereignete sich etwas, das so wirkte, als habe Hannibal unsere Unterhaltung gehört und wolle beweisen, was noch in ihm steckte. Tommy war inzwischen zum Mann geworden, viel größer und stärker als Hannibal, dem er aber nach wie vor in Treue anhing. Freilich ging er nun doch schon oft seine eigenen Wege, besonders wenn Hannibal, gekrümmt von Gicht, an das Feuer kroch und sich nur noch mit größter Anstrengung für kurze Augenblicke ins Freie schleppen konnte. Dann wühlte Tommy sich förmlich in den Schnee ein. Bei zwanzig Grad Kälte und noch mehr blieb er draußen, und oft fand man morgens vor der Tür einen Schneehügel, der sich plötzlich hob, schüttelte – und da war es Tommy, quietschvergnügt!
An einem solchen frostklirrenden Wintertag war es auch,

daß er durch den tiefen Schnee hinunter zum Xaver am See stampfte, du siehst das Haus dahinten am Ufer, der kleine graue Turm zwischen den Pappeln. Dort wohnte eine seiner zahlreichen Freundinnen. Aber als er ankam, fand er einen Rivalen, einen riesenhaften gelben Bastard. Ajax vom Oberwirt, den schlimmsten Raufbold des Dorfes. Der mochte wohl ohnehin ärgerlich sein über die Kälte, oder war es einfach Eifersucht – jedenfalls war er mit einem Satz Tommy im Genick. Der schüttelte ihn wohl mit seiner Riesenkraft ab, daß er zwei Meter weit flog und sich im Schnee überschlug, aber da saß Ajax ihm schon wieder in den Hinterbeinen. Der langsamere und friedfertige Tommy hatte keine Chance. Der Feind war überall. Kaum, daß er ihm ein, zwei Bisse versetzen konnte – zwanzig heimste er dafür ein. Der Schnee rötete sich von Blut, ausgerissene schwarze Haarbüschel lagen herum. Bös zerzaust und mit vielen Wunden schleppte sich Tommy heim. Er kam so jammervoll an, daß der Huber zum Telefon ging und den Tierarzt anrief, er möchte schnell kommen und die schlimmsten Risse im Fell nähen. Tommy derweilen war zu Hannibal gekrochen, der sich steifbeinig vom Ofen bis an die Tür geschleppt hatte. Hannibal – das hat mir der Huber nachher alles genau erzählt – besah sich die Wunden und leckte sie. Und dabei ging es zwischen den beiden hin und her, direkt eine Unterhaltung mit Wuff und Wau – und Knurren und Hecheln. Und plötzlich waren beide weg. Hannibal voraus, immer wieder stolpernd und das steife Hinterteil halb nachschleifend, hinterdrein Tommy. Genau auf Tommys Spur gingen sie herunter zum Xaver, wo Ajax stolz im Schnee saß und der Geliebten gerade im schönsten Wolfsgeheul eine Arie sang.
Der Xaver hat mir dann die Fortsetzung erzählt:
›Ich stand gerade am Fenster, da sah ich, wie die beiden ankamen. Der alte Hannibal konnte plötzlich wieder laufen, in einem richtigen Wolfstrott kam er auf Ajax zu,

der herumfuhr und ihm die Zähne zeigte. Aber es nutzte ihm nichts, denn mit einer schattenhaften Schnelligkeit sprang ihn Hannibal an, und mit dem geübten Griff des alten Kämpen schloß er seinen Wolfsrachen um den Unterkiefer des Ajax. Der machte eine wilde Bewegung, und Hannibal knickte hinten ein – aber er hielt fest. Und dann war auch schon Tommy heran. Mit der ganzen Wucht seiner anderthalb Zentner krachte er auf Ajax nieder und grub ihm seine Zähne in die Seite. Fünf Minuten lang dauerte das Getobe. Ajax schrie in Todesnot, so daß ich schließlich den Stock nahm und hinausging. Hannibal duckte sich nicht vor dem Stock, aber er ließ Ajax los und wandte sich ruhig ab, als wollte er sagen: »Da – den Rest kannste haben!« Und es war wirklich kaum mehr als ein Rest, ein blutendes, zerrissenes Bündel, was da vor mir im Schnee lag und noch vor ein paar Minuten der stolze Ajax war.‹ Der Tierarzt, der zum Huber gekommen war, konnte gleich weiter zum Xaver fahren und den Ajax zusammenflicken. Der blieb am Leben, aber seitdem machte er einen weiten Bogen um die Hunde vom Einödhof.

Noch bis in das Frühjahr hinein blieben die beiden zusammen. Nichts schreckte und nichts erschütterte sie, kein Donner der Frühjahrsgewitter, kein Schuß, gar nichts.

Aber dann, als der Sommer sich näherte, ging es nicht mehr mit dem alten Hannibal. Der Huber telefonierte nun doch mit dem Förster, Hannibal bekam noch mal eine gute Mahlzeit, und dann führte ihn der Förster hinauf, dort auf den Schlag bei den Himbeeren, und erlöste ihn. Aber – er hatte nicht bemerkt, daß Tommy mitgeschlichen war und im Unterholz kauerte, als der Schuß fiel.

Der Huber kam mit dem Spaten, streichelte noch einmal den treuen Gefährten und grub ihn ein. Drei schwere Steine wälzte er auf sein Grab, damit die Füchse nicht seine ewige Ruhe störten.

Als der Huber heimkam, war Tommy verschwunden. Er suchte ihn überall. Nichts. Schließlich, am nächsten Tag, als er noch mal die Suche aufnahm, kam er auch an Hannibals Grab. Er sah einen schwarzen Schatten weghuschen, die Steine waren zur Seite gewälzt, und der tote Hannibal lag herausgezerrt in der Sonne. Den Huber grauste es, aber er holte den Spaten und grub ihn wieder ein. In der Nacht hörte er es heulen vom Schlag. Er wußte, was es war. Tommy, der seinem Freund die Totenklage sang. Am nächsten Morgen ging der Huber wieder hinauf. Wieder waren die Steine weggewälzt, und wieder huschte der große schwarze Schatten vor ihm weg ins Gestrüpp. So ging es vierzehn Tage lang, bis der Huber mich rief:

›Ich schenk dir den Tommy‹, sagte er, ›sieh zu, daß du ihn dir einfängst.‹

Ich machte mich auf und fand ihn im Gebüsch. Neben ihm lag die schon halb verweste Leiche seines Gefährten, er selbst war zum Skelett abgemagert. Ich brachte ihm Fressen. Erst nahm er es nicht, aber schließlich, als ich ihn immer wieder streichelte, ihm gut zuredete, fraß er es gierig auf. Dann folgte er mir zögernd, sich viele Male umwendend.

Ich brachte Tommy nach Hause, pflegte ihn, sperrte ihn ein, nahm einen Wagen, schaffte Hannibals Reste weit fort und bettete ihn nochmals zur ewigen Ruhe.

Tommy wurde mein Gefährte. Aber zweierlei hat er behalten: Die Angst vor jedem scharfen Geräusch, ob es nun ein Schuß ist oder ein Donnerschlag oder auch nur – wenn ich im Wirtshaus bin – ein Faß, das man den Flur entlangrollt. Immer wieder bricht dann wohl jener furchtbare Moment in ihm auf, als die Flinte des Försters sich entlud und nach Donner und Blitz der große Hannibal reglos und blutend lag, auf geheimnisvolle Weise ihm entrissen und doch noch da. Und immer wieder auch treibt es ihn an jene Stelle, wo einmal Hannibals Grab war. Dort sucht er ihn, denn es ist doch einfach nicht möglich, daß er, der Große, der Herrliche, der Starke, der besser war und klüger und heldenmütiger als alle anderen – daß er nicht mehr ist. Vielleicht kommt er doch zurück, vielleicht steigt er aus der Erde oder tritt aus dem Schatten des Waldes: Wau-wau-wuwu – komm, Tommy, wir machen die Runde ...!«

Als Ralph das sagte: Wau-wau-wuwu – hob Tommy, der zu seinen Füßen lag, den Kopf. Ralph legte eine Hand unter seine Schnauze, mit der anderen streichelte er ihm den gewaltigen Kopf:

»Du wirst ihn wiedersehen, Tommy! Wenn deine Tage hier zu Ende sind und du in die Ewigen Jagdgründe kommst, dann wird auch Hannibal da sein, und ihr werdet oben im Himmel dahintraben, und du wirst ihm wieder dienen können und ihm mit einem Herzen voll Liebe folgen, und die Menschen unten auf der Erde werden aufschauen und sagen: Was für zwei merkwürdige Wolken da oben, die gerade unter dem Mond vorbeiziehen, wie zwei große Hunde ...«